「日本国紀」の副読本

学校が教えない日本史

Hyakuta Naoki
百田尚樹

Arimoto Kaori
有本香

まえがき

私は日本という国が大好きです。

ただ告白しますと、そんな気持ちになったのは五〇歳を過ぎてからです。いやもっと正直に言うと、六〇歳に近くなってからでしょうか。

若い頃はそんなことに気付きませんでした。自分が生きるのに夢中で、むしろ社会や世の中に不満を常に抱えているような人生を送っていました。早い話、己の幸福だけを追いかけている生き方をしていました。当然、日本という国に対しても、感謝の念など少しも持っていませんでした。

しかし人生の折り返し点を大きく過ぎ、半生を振り返ってみると、自分はなんという国に生まれ育ったのだろうと気付くようになりました。むしろ、若い頃はなぜこんな当たり前のことに気付かなかったのだろうかと思います。

もちろん、今も社会にたいする不満は山ほどあります。日本特有ともいえる硬直した制度や同調圧力。また国を動かしていく政治家たちのどうしようもない低レベルと、そんな彼らを選ぶ民衆の無関心。実際に多くの制度を決めていく官僚たちの視野のなさと夜郎自大ぶり。腐ったようなメディアや、拝金主義とも思える大企業――いちいち挙げていけばキリがないくらいです。

それでも私は、日本は素晴らしい国だと胸を張って言えます。日本が嫌いな人たちも、日本人が優しく、誠実で、勤勉で、悪事を憎む国民であることを否定する人はいないでしょう。

しかし戦後、私たちは、国を愛せない人間になるような教育を受けてきたといっても過言ではありません。それは自虐史観にとらわれたメディアのせいでもありますが、実は最もひどいのは教科書なのです。本来は、日本の素晴らしさを子供たちに教えるためにあるはずの歴史教育が、それとは正反対のものになっていたのです。しかも、それは年を追うごとにひどくなっていきます。

私が『日本国紀』（幻冬舎）を書こうと思った理由の一つはまさにそれです。こんな歴史教育を放置していては、未来の日本を担う子供たちが、祖国を愛せない人間になってしまう。

生まれた国を愛せない人間ばかりになった国に、はたしてどんな未来が待っているでしょうか。想像するだけで恐ろしいことです。こんな教育が進めば、いずれ日本は、「グローバル」という得体のしれない名のもとに、何のアイデンティティも持たない鵺《ぬえ》のような国に成り果てるでしょう。

本書は『日本国紀』の編集者でもある、ジャーナリストの有本香氏との対談による「メイキング日本国紀」ですが、内容はそれに留まりません。『日本国紀』の中には書かなかった内容がふんだんに入っています。特に対談で白熱したのは、「教科書問題」です。現在、使われている教科書を俎上に載せて論じていますが、それらの教科書の信じられないような記述は、多くの読者の心胆を寒からしめるのではないでしょうか。それらは「現代の日本の闇」とも言えるものです。

有本氏との対談は非常にエキサイティングなものでした。同時に、大いに勉強になりました。気鋭のジャーナリストとしての視点の鋭さのみならず、その博学と洞察力には何度も唸らされました。おそらく読者の皆様も同じように感じることでしょう。しかし有本氏の最も素晴らしいところは、誰よりもこの国を愛しているということです。この心がない学者や文化人が何を語ろうと、その言葉はただ空虚な妄言にすぎません。

平成三〇年一一月　**百田尚樹**

「日本国紀」の副読本◎目次

本書の内容は平成三〇年一二月一〇日時点のものです。
本書で、高校歴史教科書の記述例としてコラムで引用した、大学受験生がよく使用する『詳説日本史　改訂版』（山川出版社）は平成二八年三月文部科学省検定済、平成三〇年発行のものです（引用は一部註釈記号を省略した）。また、本文で引用した中学校社会科用『ともに学ぶ人間の歴史』（学び舎）は平成二七年四月文部科学省検定済、平成三〇年発行のものです。

装丁　神長文夫＋柏田幸子
ＤＴＰ製作　荒川典久
帯写真提供　産経新聞社

序　章

なぜいま『日本国紀』か

なぜ国を誇りに思う歴史教育がないのか

百田　『日本国紀』を書こうと思ったのは、ケント・ギルバートさんと対談したことがきっかけです。ケントさんとの話は、憲法問題から国際情勢まで、話題は多岐にわたり、歴史教育の話にもなりました。以前から私は日本のいわゆる中学、高校の歴史教育、あるいは歴史教科書というものにものすごく不満を持っていたのです。なぜこんなに自虐的なのか。必要な歴史教育がなされていないという思いがありました。

それで対談のときに、ふとケントさんに「アメリカの歴史教育はどうなっていますか」と聞いたのです。するとケントさんが「アメリカの歴史教育は、それを学ぶと、子供たちの誰もがアメリカを好きになります。アメリカに生まれたことを誇りに思う、喜びに思う、そういう歴史教育です」と言われた。

それを聞いたとき、「なんと素晴らしいことか！」と思ったのです。その国に生まれたことを誇りに思う。そして自分たちの父祖に対して尊敬の念を持つ。私たちに誇りを持つ。そのような歴史教育であるべきだと思ったわけです。

しかし、日本にはそんな歴史教育も教科書もない。それがすごく残念だと思ったのですが、「そうか、なければ教科書のような本を自分が書いたらいいんだ」と考えたのです。

有本　『日本国紀』のコンセプトは、この本を読んだ方々が日本人としての誇りを持てるものということでしたね。

「この国に生まれてよかった」

百田　もちろん歴史というものは、どの国にもいいところもあれば、悪いところもあります。アメリカにも非常に暗い歴史はたくさんある。黒人を奴隷にしたり、アメリカインディアンを虐殺したりという歴史もありますね。

ただし、大事なことは、何も知らない無垢な子供たちに、そういう負の歴史を真っ先に教える必要はないということです。そういうことは、子供たちが成長し、基礎的な教育を受けて、様々な知識を得て、物事を多面的に見られるようになった上で、教えればよいのです。本来、無垢な子供たちに教えるべきなのは、まず「この国に生まれてよかった」ということだと思います。

これまで私は小説家として小説を書いてきました。新書のようなノンフィクションを書いたりもしましたが、歴史を書くということは思いも及ばないことでした。日本には二千年もの歴史があるので、それは途方もない仕事となります。多くの歴史学者が皆、大変な仕事に挑んでいることも知っているので、自分に「歴史の本」が書けるなどとは思っていませんでした。

ただ、先ほど述べたように、日本人が誇りを持てる、日本に生まれたことに喜びを感じられるような「通史」がなぜないのかと考えたとき、自分なりのやり方で困難に挑んでみようと思った。

でも実際には、なかなか腰が上がらなかった。膨大な本も資料も読まなければならないですから、どこから手をつけたらよいのか、考えあぐねていたのです。そんななかで、たまたま有本さんに「こういうものを書いてみたいと思っているんだけど」と言ったら、有本さんが「それは大賛成です。もし、百田さんがその仕事をするなら、私は編集という形でお手伝いしたい」と言ってくれたんですね。それが去年（平成二九年）の夏です。

有本さんは幅広い知識を持っておられるし、愛国心も強い方です。「この人がもし手伝ってくれるのなら、これはやれるかもしれない」と。

有本　そうですか。ありがとうございます。

百田　そう。有本さんが助けてくれるならやれると思って、執筆を決断したのです。実際にはほとんど役に立ちませんでしたけど（笑）。

有本　アハハ（笑）。

百田　というのは半分冗談で、ツイッターにも書きましたが、『日本国紀』は有本さんの編集がなければできませんでした。有本さんの鋭い指摘に何度唸らされたことかわからない。優秀な編集者は、著者にとっては最高の軍師です。この場を借りて、あらためて礼を申し上げたいと思います。

予約段階でアマゾン一位を独走

有本　この本は仕上がってみたら、コンセプトを完遂するという点では最初に考えていたよりもよくなった感じがあります。

百田　ええ、そうですか（笑）。私はイメージ通りですよ。

まず、「序」からすごいでしょう。ちょっと引用しますよ。

〈日本ほど素晴らしい歴史を持っている国はありません。

もちろん世界中の国の人々が自分の国について同じように思っていることでしょう。

それでも敢えて、日本ほど素晴らしい歴史を持っている国はないと、私は断言します。神話とともに成立し、以来二千年近く、一つの国が続いた例は世界のどこにもありません。これ自体が奇跡といえるほどです。

北太平洋の西に浮かぶ日本列島は豊かな自然に恵まれていますが、一方で、世界有数の地震国であり、台風や河川の氾濫など、人々は常に厳しい自然災害に見舞われてきました。だからこそ、人々は互いに助け合い、仲睦まじく暮らしてきました。同時にどれほどの痛手を受けても立ち直るという力強さを培《つちか》いました。〈以下略〉

どうです。読みたくなってくるでしょう。

という自画自賛は冗談ですが、この序文は、『日本国紀』を書き終えての私の素直な感想です。本当にこの国は素晴らしい国だと心から感じたのです。

おそらく読者の皆さんも、この序文を読まれると、膝を打たれると思います。

有本　『日本国紀』は発売前から異例ずくめでしたね。

なぜ『日本国紀』がいま、こんなに求められているのか。ありがたく思う一方で、実は、かなり意外でした。アマゾンでの予約は発売一カ月前の平成三〇（二〇一八）年一〇月一五日に開始したのですが、これは予約としてはかなり早いスタートです。だからちょっと早いけれど、発売日までに場が暖まるかなというくらいに思っていたのです。まさかその日のうちにアマゾンのランキングで「本」全体の総合トップになるとは思いませんでした。予約段階で、販売されている「すべての本を抑えて」の一位ですから。

百田　しかも、その時点では、アマゾンのこの本のページには、まだカバー画像も入っていませんでした。

有本　そうです。書影すらない。百田さんがご自分の番組、『虎ノ門ニュース』や『百田尚樹チャンネル』などで紹介や告知はされていました。でも、それは限られた人しか見ていません。もちろん発売前で広告は一切、掲載していませんでした。それが一気に一位になってしまって、びっくりでしたね。

百田　結局、まる一八日間連続アマゾン総合のトップ、つまり本全体の一位を記録しましたね。

有本　これには発売元の幻冬舎も私たちも驚きましたよね。そもそもベストセラー作家の百田さんならではの「百田部数」で初版一〇万部が決まっていたのですが、これも出版不況のなかでは驚くべきことでした。しかしここから異例ずくめなのです。アマゾンも楽天ブックスも既刊本を抑えて一位、市中のリアル書店からも幻冬舎への問い合わせや注文が殺到します。この状況を見て一〇月二二日に幻冬舎は五万部の重版を決めました。それでも勢いが止まらないため、翌二三日に五万部、さらに翌二四日に五万部の重版を決めたのです。ここまでで発売前に三刷二五万部でした。

百田　結局、できるだけ早く読者の手元に届けたいということで幻冬舎は重版分をすべて初版としましたけれどもね。ですから初版二五万部。その後、さらに五万部の重版をしたので、発売前に二刷合わせて三〇万部となりました。

有本　アマゾンランキングで一九日目に首位を明け渡したのは、前日の夜にテレビ番組で紹介された本が急浮上したからでしたね。

百田　やはりテレビの力はすごいなと思いましたが、翌日には首位を奪い返しました。それからまた連続して一位を守りました。こんなことはあり得ないことです。

なにしろ、この本の具体的な内容は、予約購入してくれている人は誰も知らないんですから。つまり、ただ、期待だけで、世の中に出ているすべての本を抑えて一位をキープし続けたのです。『日本国紀』には、私たちが求めていた何かがあるに違いない、という期待が非常に大きかった。

有本　そうですよね。百田尚樹という『永遠の0』『海賊とよばれた男』（共に講談社文庫）という国民的大ベストセラーを書いてきた作家が書いている、ということも大きかったのでしょう。

百田　私自身はかなりおかしな男で、日本のメディアどころか外国のメディアにも叩かれながらも、『虎ノ門ニュース』で好きなことを言っている。だから、自分の口から言うのはなんだけど、「この男なら、僕らの求めていた歴史を書いてくれるかもしれない」という、この期待感があったのかもしれません。

有本　百田さんも何かに突き動かされるようにして書いたとおっしゃっているんですが、まだ影も形もないものがいきなりアマゾンで総合ランキング一位をキープし続けたのは、百田さんご自身の作家としてのキャリアはもちろん、やはりそれだけ求められていた本なのだと思います。

百田　ありがとうございます。

「この国の歴史」ではなく「私たちの歴史」

有本　まさに、帯に書いてある「私たちは何者なのか――」、を読者は求めているのですよね。

百田　このコピーは有本さんがつけてくれました。素晴らしいコピーです。『日本国紀』の初校ゲラの修正作業を終えたとき、有本さんが、ふと呟いたのですよ。「この本は、私たちは何者なのか？　と問うた本ですね」

その瞬間、そうだ！　と思いました。私はずっとそれを問いながら書いてきたのだ、と思ったのです。

有本　百田さんの通史は「日本史」ではなくて、まさに「私たちの歴史」なのです。

百田　出版社の編集者が書いた帯にはこうあります。

〈私たちは何者なのか——。

神話とともに誕生し、万世一系の天皇を中心に、独自の発展を遂げてきた、私たちの国・日本。

本書は、２０００年以上にわたる国民の歴史と激動にみちた国家の変遷を「一本の線」でつないだ、壮大なる叙事詩である！

当代一のストーリーテラーが、平成最後の年に送り出す、日本通史の決定版！〉

この帯にも、有本さんの「私たちは何者なのか」というコピーが使われています。

有本　『日本国紀』がこんなに求められているのは、多くの日本人の「叫び」ではないでしょうか。

一つ例を挙げてお話しします。朝日新聞が数年前に「70年目の首相」という、つまり「安倍晋三とは何者か」というような連載をしていて、後にそれを本にまとめたんです。その本のタイトルが『この国を揺るがす男』（朝日新聞取材班著、筑摩書房、二〇一六年）なんですが、朝日に象徴される方々はなぜか日本のことを常に「この国」と言うんですね。こういう「癖」は、ほかの国にはないと思います。

たとえばアメリカで、トランプが社会を壊すかもしれないと警鐘を鳴らす本を誰かが書いたとすると、タイトルは「アメリカを揺るがす男」、あるいは「私たちの国を揺るがす男」ですよ。「この国」なんて言いますかね、という話なんです。

つまり、いままでの日本史の授業や教科書は「この国の歴史」だった。だからといって、客観的かつ科学的で正確無比というわけでもない。どこの国の歴史かわからないようなものが学校でも教えられている。そのしっくりこないものと、「私たちの歴史」を求める人々との間のせめぎ合いがいま起きているんですね。

百田さんの『永遠の0』や『海賊とよばれた男』を読んだ人は数百万人いますね。

『永遠の0』という作品は、一部の人たちが言うような右翼的な小説では全然なくて、むしろ反戦的な小説だと私は思うのですが、あの作品を読めば、百田尚樹という人は、人間くさいもの、自分たちの根っこにあるもの、そういうものと一体になった物語を書いてくれる作家だ、しかも非常にわかりやすい言葉で書いてくれる人だと数百万の人が思ったはずです。

「私は、百田さんの本で初めて本というものを最後まで読めました」と言っている人がいるんですね。それまで読書の習慣などなかった人、本を読んだら頭が痛くなってしまうとか、眠くなってしまうと言っていた人でも、百田さんの本だったら読み通せたという人がいます。こういう人たちにとってみれば、「百田さんが書いたんだったら、私でも読めるかもしれない」「私の歴史、私たちの歴史になるんじゃないか」と感じるでしょう。こういう幅広い層の読者から「叫び」があがっている。長年にわたって、「お前たちは自分たちのアイデンティティを見直してはいけない」「自分たちの祖先を素晴らしいと思ってはいけない」などと禁じられてきたら、それはやはり「叫び」が起きますよね。

民衆の反乱

百田　『日本国紀』に予約が殺到して、まったくその熱が冷めない、予約数が減っていかなかった現象について、有本さんは別のところで「これは一種の反乱だ」と言っていましたね。

有本　ええ。『夕刊フジ』に発売前段階で既刊本も抑えてアマゾン総合一位であることについて、次のように書きました。

〈すでに業界では「『日本国紀』現象」と呼ぶ声すら出てきた。

これはどういうことか。

一言でいえば、ネットの反乱だ。著者の百田氏は、半年前から執筆したての原稿を自身のネット番組やメルマガを通じて少しずつ公開してきた。これを読んで心待ちにした人々がいることは間違いないが、ネットの向こうにいる市井の人々が、反発、反乱を起こした対象は2つある。

1つは行き過ぎて、事実すら歪めるほどの戦後「自虐史観教育」であり、もう1つは、それを良しとして日本人のアイデンティティ模索を押しとどめてきたマスメディアや「知識人」だ。

ネット上には、「どんなに売れてもマスコミはこの本を無視し続けるんじゃないか。それなら私たちが応援する」という力強い応援の声が目立つ。歴史修正主義者だの、ネトウヨだのと、「エリート」ぶった人たちは小バカにしてきたが、そういう、「上から目線」はウンザリ、日本人の歴史を知りたい、という声多数だ〉（『夕刊フジ』二〇一八年一〇月二六日）

百田　実際に戦うわけではないけれど、確かに精神的な反乱かなと思いました。これまでの、作られた歴史教育。それに乗っかったようなメディアの動き。こういうものに対して、ずっと耐えてきたゆえの反乱。

一〇月三〇日には読売、朝日、毎日に全五段の新聞広告もどーんと載ったわけですが、これはアマゾンで予約を開始してから二週間目ですからね。それまではインターネットと口コミだけです。

有本　発売前なのに、新聞広告を打つのも異例中の異例。幻冬舎の見城徹社長が本領を発揮されて、さらなる「異例」をやった（笑）。そして発売前にとうとう三刷です。

百田　広告を打つまでの二週間、広告宣伝をまったくしていないわけですからね。にもかかわらず、どんどんどんどん燎原《りょうげん》の火のように広がっていった。やはりそれは、ある意味、民衆の反乱と言えるかもしれません。

有本　先ほど朝日の本のタイトルについて話しましたが、私たちの国を「この国」呼ばわりしてきたエスタブリッシュメントに対する、日本人の、民衆の反乱です。

百田　この本（『日本国紀』）の最初の一行は「私たちの歴史はどこから始まるのか」で始まります。

有本　「日本の歴史」とは言っていないんですね。

百田　そう、「私たちの歴史」。だから『日本国紀』は常に自分の物語を書くように書きました。

有本　それはやはり作家でなければできない仕事だと思います。本書では『日本国紀』とは何なのか。「私たちの歴史」とは何か。それを明らかにしていきたいと思います。

第1章

歴史教育とGHQの申し子

局地戦と民族の物語

有本　去年（平成二九年）の夏ぐらいに百田さんが「僕、歴史を書こうかと思う」と言われたとき、「私はとにかく大賛成です」と言いました。当代一のストーリーテラーであり、時代の空気を一番よくわかっている百田さんが通史をお書きになる。これは素晴らしいと思ったので手伝わせてください、と。

なぜ素晴らしいと思ったか。『日本国紀』の「序」に百田さんご自身がいみじくも書かれていますが、やはり歴史とは「壮大な民族の物語」です。でも、いまある教科書や歴史の本はそれを物語として捉えていない。教科書は仕方がない部分もあるかもしれませんが、重要な何かが欠けていると思います。

慰安婦問題や南京問題では近隣諸国から日本がたびたび攻撃されますね。その都度、個々の問題に専門家の先生方が反論、反証され、ずいぶん日本も変わってきました。でも、向こうから仕掛けられた局地戦に対応するだけでは、歴史は取り戻せない。日本人の中に、自分たちの物語がないことが致命的ではないかと思うのです。相手は捏造も辞さず、はなから歴史を政治の道具にしようというわけですからね。

あとで詳しく触れますが、いまの歴史教科書を見ると、局地戦の限界が明らかです。

保守派の学者や論客、一部の政治家が頑張って、たとえば過去のひどい「慰安婦」の記述などはなくなった。しかし、教科書全体のページ割りや章立て、ページ構成、見出し、文章の書きぶりを見たら、どこの国の教科書かと思うようなものになっていま す。個々のワードではなく、全体として「日本」という主体が消されたものになっているのです。

この惨憺たる現状を克服するには、まず日本人が自分たちの中に、しっかりと自分たちの物語を持つことから始めなければならないのだとかねてから思っていました。

しかし、「民族の物語」を日本人に知らせるのは壮大なお仕事です。渡部昇一さんをはじめ、様々な方が通史を書かれていて、それぞれ立派なお仕事と敬服します。しかし、やはり私はできれば世代的に自分に近い方が通史を書いてくれたらいいなと思っていました。ですから、百田さんのお話は渡りに船でした。

百田　「民族の物語」とはいい言葉ですね。それによって、自分は何者なのかを知ることになるんですね。

有本　そうです。一般的に日本の歴史を語るときに、あるいは歴史教育や教科書では、日本人のアイデンティティがどのように育まれたのかを探ることすら許されない空気があるように思います。百田さんの今回の仕事をお手伝いしたいと思ったのは、そのような歴史教育や教科書の状況はおかしいという思いがあったからなのです。ただ、現状に対して多少の文句は言っても、私の力でそれをどうにかできるとは思えない。でも、百田さんという大作家が日本史を書くというのなら、これを手伝うことで、微力ながら教育を変えていく一助になるかなと思ったのです。

実際にご一緒させて頂いて私も大変勉強になりました。私はあまりそういう人間ではないと思っていましたが、自分の歴史観も、戦後の歴史教育に相当影響されていたのだなと実感する場面がありました。教育は本当に恐ろしいものだと思います。

何を書いて、何を書かないか

百田　いまの子供たちが中学、高校で使っている歴史教科書が誤っている部分、偏向している部分はたくさんあります。それから、なぜこれが日本の歴史の本に書かれていないのか、というものがあるのです。

嘘や、捏造はもちろん論外ですが、歴史の本は「何を書いて、何を書かないか」「何を重視して膨らませて、何を減らしているか」で価値が決まります。

有本　ですから『日本国紀』には普通の教科書に出てこないような人物や出来事がたくさん出てきますね。

百田　一方で普通の歴史の本なら多くのページを割いている人物について、ほとんど書いていませんし、嘘についても正しています。

たとえば秀吉による文禄元（一五九二）年の「文禄の役」、そして慶長二（一五九七）年の「慶長の役」とともに李舜臣についても、『日本国紀』には正しく記してあります。

有本　一部の歴史教科書では、「文禄・慶長の役」という名称すら排除されているという恐るべき現状があるわけですが、「文禄の役」は豊臣秀吉が明の征服を目的に李氏朝鮮に出兵した戦いです。

百田　そうです。たとえば日本の歴史教科書には、李舜臣の銅像の写真が載っています。そして歴史の本などには、李舜臣は露梁《ろりよう》海戦という最後の戦いで、日本軍を徹底的に打ち破ってほぼ全滅させたかのように書いてあるのですが、これは嘘です。

李舜臣はこの戦争ではほとんど活躍していません。最初の「文禄の役」のとき、護衛のついていない日本軍の輸送船団を襲って多少の戦果をあげただけです。その後、日本軍が輸送船団に護衛をつけると、以後は李舜臣は手出しができませんでした。歴史

山川の教科書ではこう教えている

【第６章１　織豊政権〈秀吉の対外政策と朝鮮侵略〉より】

１５８７(天正１５) 年，秀吉は対馬《つしま》の宗《そう》氏を通して，朝鮮に対し入貢と明へ出兵するための先導を求めた。朝鮮がこれを拒否すると，秀吉は肥前《ひぜん》の名護屋《なごや》に本陣《ほんじん》を築き，１５９２(文禄《ぶんろく》元) 年，１５万余りの大軍を朝鮮に派兵した(**文禄の役《えき》**)。釜山《ふざん》(プサン)に上陸した日本軍は，鉄砲《てっぽう》の威力などによってまもなく漢城《かんじょう》（ソウル）・平壌《へいじょう》（ピョンヤン）を占領したが，**李舜臣**《りしゅんしん》(イスンシン) 1545〜98の率いる朝鮮水軍の活躍や朝鮮義兵《ぎへい》の抵抗，明の援軍などにより，しだいに戦局は不利になった。そのため現地の日本軍は休戦し，秀吉に明との講和を求めたが，秀吉が強硬な姿勢を取り続けたため交渉は決裂した❶。

１５９７(慶長《けいちょう》２) 年，秀吉はふたたび朝鮮に１４万余りの兵を送ったが (**慶長の役**)，日本軍は最初から苦戦を強いられ，翌年秀吉が病死すると撤兵した。前後7年におよぶ日本軍の**朝鮮侵略**は，朝鮮の人びとを戦火に巻き込み，多くの被害を与えた❷。

(詳説日本史　改訂版　山川出版社)

◇日本側の小西行長、加藤清正の両武将は資料地図の中にその名前が見られるだけ。また、欄外には「壬辰《じんしん》・丁酉《ていゆう》倭乱《わらん》」というこの戦いの朝鮮側の呼び名が注釈❷として載っている。

教科書などでは李舜臣が日本軍を打ち破ったかのように書いていますが、そうではないのです。

二度目の「慶長の役」は日本が連戦連勝だったのですが、秀吉が死んだため、それを隠して撤退戦を行うことになりました。諸将たちが外国との戦争に疲れていたということもあります。その撤退のときに奇襲を受けて起こった戦いが先ほど言った露梁海戦です。日本軍は一時、苦戦しましたが、その後、援軍がやってきて押し戻しました。

日本も朝鮮も双方ともにこれを「勝った」と言っているけれども、その海戦で亡くなった人の記録は残っています。明と李氏朝鮮の連合軍の主だった武将はかなり亡くなっていますが、日本の主だった武将はほとんど亡くなっていないんですね。このときに李舜臣も亡くなっています。

こういう事実を照らし合わせると、おそらくこの海戦は日本のぼろ勝ちなのです。司令官クラスが何人も亡くなっているというのは、相当やられたということでしょう。後に明は滅びますが、日本が「慶長の役」で明を圧倒していたことは清の時代に書かれた歴史書である『明史』に書かれています。

「李舜臣は世界三大提督」の嘘

有本　一部の歴史教科書や歴史の本には朝鮮の亀甲船《きっこうせん》についても書かれていますね。

百田　そうです。このとき李舜臣が用いた船は亀甲船といって、甲板を鉄で覆って、日本兵がまったく乗り込めないものだったとあります。その船はものすごく固くて、日本軍を次々破ったと書いてある。亀甲船の模型の写真まで載っていたりします。その亀甲船の模型は九州の名護屋城博物館というところにあるので、その写真をそのまま載せているのではないかと思うけれども、これは事実とは言えないですよ。

有本　「名護屋城」とは秀吉の朝鮮出兵のときに拠点として築かれた城ですね。博物館では日朝の軍船を一〇分の一サイズで復元しているのだそうですが。

百田　亀甲船については歴史的資料はありません。確かな資料もないのに、後で考えてつくったんです。だいたい甲板に鉄があるそんなバランスの悪い船はひっくり返りますよ（笑）。それにそんなに素晴らしい船なら、その後、李氏朝鮮は大量につくっているはずだし、中国も日本も真似ているはずです。しかしこんな船が世界でつくられた記録はありません。要するに韓国ではフィクションが歴史になっているのです。

有本　韓国は、その李舜臣を世界三大提督だと言っているとか。

百田　これには苦笑するしかありません。世界史上に残る海軍提督と言えば、一人はイギリスの海軍軍人で、フランスとのトラファルガーの海戦で有名なネルソンですよ。ネルソンはこの海戦でナポレオンを打ち破り、彼のイギリス遠征計画を諦めさせました。このときネルソンは流れ弾にあたって戦死するのですが、世界海戦史上に残る名提督です。もう一人は東郷平八郎です。日露戦争の日本海海戦でロシアのバルチック艦隊をほぼ全滅させたことで有名ですね。

この二人と並べて、三大提督として韓国は李舜臣を挙げていますが、意味不明です。先日、韓国が観艦式で軍艦旗を揚げるなと言ってきましたね。この話はツッコミどころ満載で、もちろん韓国にそんなことを言う権利はない。韓国は旭日旗を敵視しているので本当は日本だけに言いたいところだったものの、それも変なので世界各国に対して軍艦旗を揚げるな、自国の国旗と韓国の国旗だけを揚げろと指示する暴挙に出たのです。軍艦旗は海軍（海上自衛隊）の看板ですから、当然、自衛隊は観艦式への出席を拒否しました。ところが、そう言っておきながら韓国は李舜臣の旗を揚げた（笑）。

有本　他国には国旗と韓国旗以外揚げるなと言っておきながら（笑）。この行為は世界

山川の教科書ではこう教えている

【第９章４　日露戦争と国際関係〈日露戦争〉より】

(編集註／日本は) １９０５ (明治３８) 年初めには，半年以上の包囲攻撃で多数の兵を失った末にようやく旅順要塞《りょじゅんようさい》を陥《かん》落《らく》させ，ついで3月には奉天会戦《ほうてんかいせん》で辛勝《しんしょう》し，さらに5月の日本海海戦では，日本の連合艦隊《かんたい》がヨーロッパから回航《かいこう》してきたロシアのバルチック艦隊を全滅させた。

(詳説日本史　改訂版　山川出版社)

◇日露戦争の記述は比較的少なく、東郷平八郎の名前はまったく登場しない。

中を呆れさせましたが、そうまでして称揚するその英雄が実は連戦連勝などしていない、と。

百田　「文禄・慶長の役」の実態を言いますと、当時、秀吉が大軍を送ったわけですが、それまで日本は戦国時代の百年間、戦争していたんですよ。武田、上杉、織田、北条、毛利と並み居る武将が戦争に戦争を重ねて最終的に信長が勝った。それを受け継いだのが秀吉です。だから当時の日本は世界最強だったのです。百年間も戦争をして、ありとあらゆる戦術を知っている。それが明に乗り込んだのだから、ぼろ勝ちするのも当然です。

最初の「文禄の役」では加藤清正が攻め込んで、北朝鮮と中国の国境あたりまで行って、女真《じょしん》族の城を一つ滅ぼしています。女真族は後に、明を滅ぼして清を建てたほどの強い民族です。日本軍はそれにも簡単に勝ったのです。ソウルは朝鮮に上陸してわずか二一日で落としているのです。

教科書で韓国の顔を立てる理由

百田　このような歴史的な状況だったのに、韓国がフィクションで作り上げた英雄を、驚くことに日本の教科書は踏襲しているのです。

有本　写真入りでね。

百田　さらに確かな証拠がない、フィクションの亀甲船の模型まで写真で載せる。しかも、李舜臣は大学の入試にもよく出るというんですよ。清朝の政治家であった李鴻《りこう》章《しょう》なんかと引っかけ問題で出すらしい。

有本　わざわざねえ。極論ですが、他国が嘘八百の歴史を信じ込もうが、架空のヒーローを崇めようがそれはお好きにどうぞ、と言うしかありません。でも、それを日本が一緒になって崇めてどうするという話です。

百田　つまり、教科書で韓国の顔を立てている。問題は顔を立てる理由がどこにあるか、です。

たとえば「自虐的な教育」とよく言われますが、実際に実例はたくさんありますね。知り合いの記者から聞いた話ですが、彼がある県の小学校の学習指導要領を見たら、そこには小学生の子供たちに対して加害の歴史を教える、つまり「日本がいかに悪いことをしてきたかを徹底して教える」という趣旨のことが書いてあったのです。そして、実際にそれを教えるプリントを作り、教育をし、子供たちはその授業について感想を書いた。そこには「日本人であることが恥ずかしい」「自分たちのおじいさんの世代を軽蔑する」というような内容の文章がたくさんあったというのです。

もちろん、小学校の高学年くらいの年齢になってくると、ある意味で「頭が回る」ので、何を言えば先生が喜ぶかがわかっているでしょうから、あえてそんな感想を書いた子供もいると思います。しかし問題は、結果的に子供たちにそういう答えを書かせる目的の教育をしていることですね。

今のは一例ですが、このような教育が行われているのが現実なのです。教科書は今現在も、「南京大虐殺」のような現実にはなかったことを平気で教えています。その大本とも言えるのが、教科書の近隣諸国条項です。

有本　それは教育が偏っているというレベルではなく、洗脳です。

昭和五七（一九八二）年に教科書誤報問題が起きたのが、その発端ですね。高校で使用される歴史教科書について文部省（当時）の検定で「侵略」が「進出」に書き換えられたと日本のメディアが一斉に誤報を流し、大騒ぎになりました。そして、実際には書き換えの事実がなかったにもかかわらず、当時の宮沢喜一官房長官が談話まで発表したのです。その後の検定基準には、近隣アジア諸国に必要な配慮をするという〝近

山川の教科書ではこう教えている

【第10章６　第二次世界大戦〈日中戦争〉より】

（前略）９月には国民党と共産党がふたたび提携して（第２次国共合作《こっきょうがっさく》），抗日民族統一戦線を成立させた。日本はつぎつぎと大軍を投入し，年末には国民政府の首都南京《ナンキン》を占領した❸。

※注釈記述

❸　南京陥落の前後，日本軍は市内外で略奪・暴行を繰り返したうえ，多数の中国人一般住民（婦女子を含む）および捕虜《ほりょ》を殺害した（南京事件）。南京の状況は，外務省ルートを通じて，早くから陸軍中央部にも伝わっていた。

（詳説日本史　改訂版　山川出版社）

◇本文中に「南京事件」の言葉はないが、欄外の注釈記述にはある。

隣諸国条項〟が加えられました。

百田　これによって日本の教科書には中国、あるいは韓国におもねった記述が多くありますね。

「南京大虐殺」が現れて任那日本府が消えた

有本　たとえば「南京事件」は私のころの教科書には書いていなかったと思います。私は昭和三七（一九六二）年生まれですが、実はその自虐史観教育をぎりぎり受けていないのです。伊豆（静岡県沼津市）の片田舎で育ったという事情もあると思います。同じ世代でも、東京などの大都市の人は「君が代なんて、とんでもない」と言われて育った人もいますから。

昭和四〇年代当時の日本では戦前生まれの人もまだ現役で、田舎の小学校の先生の中にもそういう方々が多くいました。学校や儀式では君が代をみんなで歌っていましたし、日の丸も揚げていました。おじいちゃんたちは戦争の話をし、戦友会だといっては出かけていく。周囲から生きた「教育」を受けたと言えます。「南京事件」なんて教科書にもないし、教えられたこともちろんありません。

山川の教科書ではこう教えている

【第10章６　第二次世界大戦〈国民生活の崩壊〉より】

（前略）1943（昭和18）年には，大学・高等学校および専門学校に在学中の徴兵適齢文科系学生を軍に徴集（**学徒**《がくと》**出陣**《しゅつじん》）する一方，学校に残る学生・生徒や女子挺身隊《ていしんたい》に編成した女性を軍需工場などで働かせた（**勤労動員**）。また，数十万人の朝鮮人や占領地域の中国人を日本本土などに強制連行《れんこう》し，鉱山や土木工事現場などで働かせた❷。

※注釈記述

❷　朝鮮では１９４３年，台湾では１９４４年に徴兵制が施行された。しかし，すでに１９３８年に志願兵制度が導入され，植民地からも兵士を募集していた。また，戦地に設置された「慰安《いあん》施設」には，朝鮮・中国・フィリピンなどから女性が集められた（いわゆる従軍慰安婦）。

（詳説日本史　改訂版　山川出版社）

◇本文に「慰安婦」は登場しないが、朝鮮人と中国人の「強制連行」と関連させた注釈記述の中で、「いわゆる」をつけて従軍慰安婦を紹介している。慰安婦は実際には８割ほどが日本人女性だったにもかかわらず、「朝鮮・中国・フィリピンなど」としている。

百田　「南京大虐殺記念館」は昭和六〇（一九八五）年にできたわけだから。

有本　その関連でいうと、中国・四川省出身の評論家の石平さんは私と同じ歳です。一九七〇年代に中国で教育を受けた石平さんも「南京大虐殺」は教科書に載っていなかったし教えられてもいない、そういう言葉も聞いたことがないと言っていました。

日本の自虐史観教育が激しくなってきたのは、私が大学生になったころ、一九八〇年代に入ってからです。そこから日本の教育は非常におかしくなっていきました。教科書の内容は「我々の世代には、さすがになかったよね」というものになっていき、それに呼応するかのように中国韓国の反日教育もひどくなっていったように思います。つまり、日本側が教育を通じて、孫子にまで執拗に「反省」を刷り込んでも、日中や日韓の間の溝は埋まらなかった、というよりむしろ新たな「歴史問題」を作り出していくことになったと言えるのではないでしょうか。

百田　自虐史観教育でひどいのは、政治的な問題とはほとんど無縁だと思われるような古代史、中世史まで、私たちが習った教科書とは変わってしまっていることですね。

有本　『日本国紀』にも出てきますね。たとえば任那《みまな》（日本府）。これは四世紀ごろからの古代の出来事ですから、私たちが習ったときには歴史の教科書を開いたら最初のほ

山川の教科書ではこう教えている

【第1章3　古墳とヤマト政権〈東アジア諸国との交渉〉より】

朝鮮半島南部の鉄資源を確保するために，早くからかつての弁韓の地の**加耶《かや》**（加羅《から》）**諸国❶**と密接な関係をもっていた倭国《わこく》（ヤマト政権）は，4世紀後半に高句麗が南下策を進めると，百済や加耶とともに高句麗と争うことになった。

――中略――

この間，倭国は百済や加耶からさまざまな技術を学び，また多くの**渡来人《とらいじん》**が海をわたって，多様な技術や文化を日本に伝えた。

※注釈記述

❶（前略）『日本書紀《にほんしょき》』では加耶を「任那《みまな》」と呼んでいる。

（詳説日本史　改訂版　山川出版社）

◇任那という言葉は本文では使わず、非常にわかりにくい記述となっている。また、朝鮮半島から技術や文化が伝わったと強調している。

◇『日本書紀』では渡来人は「帰化」人と書かれている。かつては渡来人と併記されている教科書もあったが、現在、帰化という言葉は使われない。

うに当たり前に出てきていました。それをいまは教えない。

百田　任那が教科書から消えた理由は、韓国が自分たちは偉大な朝鮮民族だと主張しているからでしょう。韓国の教科書では、古代朝鮮はいまの中国の面積の半分くらいを占めていますからね（笑）。

有本　ハハハ。いま四〇代の韓国人に聞いた話ですが、彼女が小学生のころ、教師が、歴史に限らず何かにつけて日本の話をよくしたそうです。そのたびに朝鮮半島と日本の地図を一筆書きで黒板に描いたそうですが、つねに朝鮮が日本列島の倍以上の大きさに描かれたと。中学生になってまともな地図を見たとき、日本の大きさとそれに比べ韓国がとても小さいことを知ってショックを受けたそうです。

百田　滅茶苦茶ですが、中国さえも飲み込んでいたような偉大な朝鮮、大韓帝国が日本に支配されていたというのは許されないのでしょうね。だから、任那日本府は絶対に認めることができない。

四世紀半ばごろ、朝鮮半島には北は高句麗、東は新羅《しらぎ》、西は百済《くだら》があったのです。そのころ日本は何度も朝鮮半島に兵を送っていて、新羅や百済を屈服させています。それは『日本書紀』にも記述があります。そうして朝鮮半島の南部を支配下において任那日本府としたんですね。

当時の百済あたりはかなり日本の影響下に置かれていました。私は個人的には日本の半植民地ではなかったかという思いも持っていますが、この辺りは歴史学的、考古学的にはまだはっきりしていません。でも、かつて百済があった場所からは〝前方後円墳〟が発掘されるのです。しかも、それは日本の古墳より後代の古墳だということが、炭素の測定などでわかっています。前方後円墳は「日本式」ですよね。つまり、百済の地にあった前方後円墳は日本の影響を受けてできたと言えるわけです。あるいは、日本人が作ったのかもしれない。これは韓国にとっては気分が悪い話のようで、学者たちが必死に隠そうとしています。彼らにとっては真実よりもメンツのほうが大事なのでしょう。

〝近隣諸国条項〟と同じマインド

有本　一九八二年の教科書問題が起きたとき、私は大学生でした。連日メディアがうるさいくらいに報じていたので、大学の友人たちとも話をしたのですが、まったくの四面楚歌でした。そのとき私は、「侵略」や「進出」という言葉の問題よりも、そもそもなぜ教科書の記述について他国からとやかく言われなければならないのかと友人たちに言ったのです。日本の軍隊が当時の事情からアジアに進軍していった。その事実は事実として教えればいい。でもなぜ「だから日本は悪いことをした」という懲罰的な意味をもって教科書に書くべきと他国から言われなければならないのか。後の世代の子供たちがそこで裁かれなければならないものなのかと強い疑問を感じていました。だから、他国が日本の教科書の記述についてとやかく言うのは、重大な内政干渉ではないかと言ったところ、ほとんどの友人が「なんてこと言うんだ」と。

私が通っていた東京外国語大学では当時「本物の国際人になりなさい」などと学長が言っていたのですが、私は「本物の国際人とは他国の主張を唯々諾々受け入れることなのか？」と大いに疑問でしたね。

百田　いまと同じことを言っている。

有本　はい。歳はとっても言っていることは変わっていないのですね（笑）。その後、社会人になり、外務省の役人にも多少の知り合いがいましたが、彼らと話していてもやはり学生時代の友人と同じなのです。とにかく、周りの国の言うことをよく聞かなければならない、近隣諸国との親睦に努め、ただただ相手のことを理解しなければならないと。これはおかしいとずっと思っていました。

あの時代の日本人はすでに大学生も含めて、他国から何か文句をつけられたら、それを聞かなければならないムードになってしまっていたのです。この私たち世代がその後、社会に出て行った。百田さんは『日本国紀』の中でＧＨＱ（連合国軍総司令部）による洗脳と世代についても上手く表現されていますね。戦後に生まれ大学を出た高学歴な人たちが教員になったり、学者になったり、官僚になったりして、〝近隣諸国条項〟を大事にし、そのマインドでいまの教育を作ってきました。その結果がいまの教科書の記述です。そういう意味では我々の世代が、駄目な世代です。

私たちの親の世代は、戦争を体験し、さらに戦後の激動を復興のために働いて生きてきました。我々はその豊かさの上に乗っかり、ただお気楽に生きてきた。隣の国から干渉されたら「とりあえず言うことを聞いておけばいいだろう」というお気楽ぶりです。言ってみれば我々は「自虐第一・五世代」みたいなものですよ。

百田　自虐第一・五世代とはうまい喩《たと》えです。

それで言うと、自虐第一世代は、戦中から戦後にかけて生まれた世代、「団塊の世代」と呼ばれる人たちを中心とする世代です。

占領軍が行った焚書坑儒

百田　ここで「自虐思想」について、少し説明します。

『日本国紀』でもしっかり書きましたが、日本は戦後、アメリカ軍、連合国軍に占領されました。そしてＧＨＱは「ウォー・ギルト・インフォメーション・プログラム（ＷＧＩＰ）」という占領政策で日本人に罪の意識を植えつけましたね。ＷＧＩＰとは、戦争への罪悪感を日本人の心に植えつけるＧＨＱの宣伝計画です。これを徹底して受けた日本人の精神は壊され、いわゆる自虐的な考えになっていきました。

たとえばアメリカ軍が七年間、日本を占領して、まず行ったのは「焚書坑儒《ふんしょこうじゅ》」です。かつて秦の始皇帝は、本を焼き、儒者を生き埋め（坑《あなうめ》）にして殺し、思想言論の弾圧を行いましたが、それと同じですね。

占領下でこの「坑儒」に相当するのが公職追放でした。アメリカ軍は「儒者」を殺しはしませんでしたが、政界、財界、言論界と二〇万人を超える、占領軍にとって「好ましくない人物」が公職から追放されました。もう一つの「焚書」は実際にやりましたね。七千点以上の本をＧＨＱは燃やしました。

これはGHQの職員だけでできるものではなく、日本人の協力者が多数いました。ろくでもない日本人ですが。とにかくGHQはこうして「日本が悪かったのだ」と徹底して教育をしたのです。

また、「プレスコード（日本に与うる新聞遵則）」もありましたね。GHQが行なった新聞や出版物に対する検閲です。連合国最高司令官（司令部）に対する批判、極東軍事裁判批判、司令部が憲法を起草したことに対する批判、検閲制度への言及はもとより、合衆国に対する批判、ロシアに対する批判、英国に対する批判、朝鮮人に対する批判、中国に対する批判など三〇項目が対象となり、これらについて言及すると削除されたり、発行禁止処分になったりしました。

つまり、占領軍はこの七年間で、日本人の心を改造しようとしたのです。

有本　GHQはそれを徹底して行ないました。

百田　しかし、実際はこの七年間で日本が一気に変わったのではありません。一般には、いま述べたような占領政策で日本が変わってしまったと認識されているでしょうが、実は戦前にしっかりした教育を受けていた人たちは、GHQの洗脳には染まらなかったのです。

「戦犯を助けよう」

有本　まだ占領される前の記憶を持った人がたくさんご存命でしたからね。

百田　そうです。昭和二六（一九五一）年九月、日本は四八の国々とサンフランシスコ講和条約を締結し、昭和二七（一九五二）年にアメリカ軍が出ていって占領が解け、日本は主権を回復しました。日本は独立国として再出発することになりました。このときに揺り戻しがあったのです。まず、戦犯を赦免《しゃめん》しようという動きがありましたね。

有本　戦犯の名誉回復ですね。

百田　サンフランシスコ講和条約で日本が主権を回復したとたんに、まず起きた大きな社会運動が「戦犯を助けよう」というものでした。当時、日本の人口は約八千五〇〇万人ですが、そのうちの四千万人もの署名が集まったのです。四千万人という数は、当時の成人のほとんどが署名したということになります。

有本　当時、のちに「団塊の世代」と言われるようになる子供たちの人数が非常に多かったわけですからね。政府の「人口推計」で見ると、昭和二七年の二〇歳未満は四千万人もいますから。

百田　本当に成人のほとんどの方が署名をしたわけですね。これはすごいことですよ。

さらに言うと、この国民運動の契機になったのは、日弁連（日本弁護士連合会）が政府に意見書を提出したからなのです。いま日弁連というと左翼の温床ですが、彼らが「戦犯を助けてください」と提案した。国会もそれに応えて、「戦争犯罪による受刑者の赦免に関する決議案」が衆議院に提出され、全会一致で決議されました（昭和二八年八月三日）。日本共産党も日本社会党もこぞって、戦犯を助けようとしたのです。

それまでの七年間、「日本人は悪かった」「東京裁判は正しい」「戦犯だ」と連合国軍が徹底的に教育したのにもかかわらず、連合国軍が去ったとたんに、みんなで同胞を助けようとなったということです。ということは、七年間の洗脳は当時の日本人に効いていなかったということなんです。

戦争を知っている世代

有本　戦争を知っている世代ですからね。一種の面従腹背《めんじゅうふくはい》だったのでしょうか。

この戦犯赦免決議の前に「戦争犯罪による受刑者の釈放等に関する決議案」も衆議院で決議されています。このとき行われた討論を引くと、当時の空気が分かりやすいと思いますので、少し長いですが議事録を引用しておきます。

まずは改進党の山下春江議員です。

〈私は、改進党を代表いたしまして、ただいま上程されました戦争犯罪による受刑者の釈放等に関する決議案に対しまして賛成の意見を申し述べたいと存じます。（拍手）

先ほど趣旨弁明の言葉の中にもございました通り、かつての極東裁判の判事であり、しかも日本の無罪を主張いたしましたインドのパール博士は、去る十一月十一日に、巣鴨の拘置所において、戦犯に対して、あくまでも正義を主張してやまない人間の真実の叫びとして、大要左のようなあいさつをされたのであります。

「すべて、裁判官の真諦は、人間の心の中に法の公正さに対する信頼感をもたらすことにある。その意味で、今次戦争最大の損失、最大の災害は、法的正義に対する信頼感の破壊にあつた。法律家の中には、連合国のつくつた法は、敗者である皆さんのみを対象としたものであつて、彼ら自身もしくは一般人類に適用されないものであるということを告白している。もしそれが真実ならば、そこに生れたものは法律ではなく、そこに成り立つたものは正義ではない。ここにおられる皆さんは可能なる最悪の不公正の犠牲者である。英国において上層部の間に論争が行われている。そのうちのある者は、戦犯條例によつて定められた法は、ドイツ人を、あるいは日本人を対象とした法であつて、一般社会に適用されるべきものでないことを認めている。連合国は一体どこから権利を得てこれらの法律をつくり、それを適用し、それによつて判決を下し得たのであろうか。」というあいさつをされておるのであります。

占領中、戦犯裁判の実相は、ことさらに隠蔽されましてその真相を報道したり、あるいはこれを批判することは、かたく禁ぜられて参りました。当時報道されましたものは、裁判がいかに公平に行われ、戦争犯罪者はいかに正義人道に反した不運残虐の徒であり、正義人道の敵として憎むべきものであるかという、一方的の宣伝のみでございました。また外地におきまする戦犯裁判の模様などは、ほとんど内地には伝えられておりませんでした。国民の敗戦による虚脱状態に乗じまして、その宣伝は巧妙をきわめたものでありまして、今でも一部国民の中には、その宣伝から抜け切れないで、何だか戦犯者に対して割切れない気持を抱いている者が決して少くないのであります。

戦犯裁判は、正義と人道の名において、今回初めて行われたものであります。しかもそれは、勝つた者が負けた者をさばくという一方的な裁判として行われたのであります。（拍手）戦犯裁判の従来の国際法の諸原則に反して、しかもフランス革命以来人権保障の根本的要件であり、現在文明諸国の基本的刑法原理である罪刑法定主義を無視いたしまして、犯罪を事後において規定し、その上、勝者が敗者に対して一方的にこれを裁判したということは、たといそれが公正なる裁判であったといたしましても、それは文明の逆転であり、法律の権威を失墜せしめた、ぬぐうべからざる文明の汚辱であると申さなければならないのであります。（拍手）

その一、二の例をあげますと、事件の内容で、有罪項目が自分の行為ではなく、まつたく虚構であつたか、あるいは捏造された者、人違いであつた者、あるいは部下または上官の行為の責任をとらされた者などが非常に多く、さらにまた、事件発生の部隊または地域にたまたまおつたというと《ママ》によつて添《ママ》えを食つた者、さらにはなはだしきは、日本人なるがゆえに、他に何らの理由もなく処罰された者などがあるありさまでありまして、自己の行為と多少のつながりがあるといたしましても、著しく事実を誇張し、またはゆがめられたものが圧倒的に多かつたのであります。また、裁判の審理が一方的で、公判廷において被告に十分の陳述を許されず、証拠も物的証拠はなく、ほとんどが人的証拠、すなわち証人の証言によるものでありましたが、その証人も多くは公判廷に出席せず、検事のつくつた宣誓口述書を単に読み上げるものが多かつたようでございます。それは、もし証人を出席させますと、被告人と対決することにより、証人の偽つた証言が暴露されることをおそれたからでございましょう。（後略）〉

東京裁判をはじめとする戦勝国による不当な裁判を否定し、ＧＨＱによる言論統制についても批判している。見事な演説です。いまの議員たちは、これを読むべきです。

社会に出た〝ＧＨＱの子供たち〟

百田　社会党だって当時はまともなことを言っていました。

有本　はい。社会党の古屋貞雄議員の討論での発言も引いておきますね。

〈（前略）平和条約が成立して相当の日時を経過いたしましたけれども、いまだに戦犯は釈放されないのであります。平和条約によりまして、わが国は国際憲章並びに世界人権宣言の履行を約束いたしました。しかるに、戦争が最も大きな犯罪でありますることは、われわれがここに強調をする必要がございません。戦争が残虐であるということを前提として考えますときに、はたして敗戦国の人々に対してのみ戦争の犯罪責任を追究《ママ》するということ――言いかえまするならば、戦勝国におきましても戦争に対する犯罪責任があるはずであります。しかるに、敗戦国にのみ戦争犯罪の責任を追究《ママ》するということは、正義の立場から考えましても、基本人権尊重の立場から考えましても、公平な観点から考えましても、私は断じて承服できないところであります。（拍手）特にB、C級の戦犯に対しましては、その行為が残虐であったということによって、いまだに釈放されておらぬのでございますけれども、戦争が残虐であることは、私どもがただいま申し上げた通りであります。

世界の残虐な歴史の中に、最も忘れることのできない歴史の一ページを創造いたしたものは、すなわち広島における、あるいは長崎における、あの残虐な行為であって、われわれはこれを忘れることはできません。（拍手）この世界人類の中で最も残虐であった広島、長崎の残虐行為をよそにして、これに比較するならば問題にならぬような理由をもって戦犯を処分することは、断じてわが日本国民の承服しないところであります。（拍手）（後略）〉（共に昭和二七年一二月九日、第○一五回国会 衆議院本会議第一一号）

こちらも立派な演説です。

百田 このように揺り戻しがあったのに、なぜその後、日本に自虐史観が浸透したか。それは、GHQの占領以降に子供たちが「教育」を受けてしまったからなのです。

具体的に言うと、昭和一〇年代の後半から、戦後に生まれた子供たちです。後に「団塊の世代」になる子供たちも含まれます。この子供たちが、ＧＨＱがこしらえ上げた自虐的な教育、自虐的な教科書で学ばされたのです。純粋で無垢な、何も知らない白紙の状態の子供たちが「日本人は悪かったんだよ」ということを教えられればどうなるか。「ああ、僕らは悪かったのだ」と信じるのは当然です。この洗脳は心に深く浸透します。そして、この最初に心に入った思想を消し去るのは相当困難なのです。団塊の世代の人たちが自虐的な思想が強いのは、ある意味で当然なのです。

有本　ナチスのヒトラーユーゲント（青少年団）みたいなものですね。

百田　中国の紅衛兵（毛沢東思想の青少年組織で文化大革命を推進）みたいなものだとも言えます。何も知らない白紙の状態に吹き込まれたのだから、そう思い込んでしまいます。この自虐第一世代の子供たちが、高校、大学へ行き、やがて社会へ出ていきます。それは昭和四〇年代から五〇年代にかけてです。戦後の洗脳を受けた〝ＧＨＱの子供たち〟がマスコミに入って新聞記者になったり、大学の先生になったりして、社会の第一線で活躍するようになったのです。ですから日の丸や君が代に反対する声が上がりだしたのもそれ以降です。

先ほど有本さんの世代はまだ「日の丸を掲げ、君が代を歌っていた」と言われましたが。

有本　大阪でもそうですか。

百田　地域によるとは思いますが、私が通った大阪市内の小学校では毎年一月一日に、全校児童が学校に集まって、日の丸の掲揚をして、紅白まんじゅうをもらって帰ったものです。私は昭和三一（一九五六）年の早生まれで、小学校に通ったのは三六年から四一年ですが、当時の大阪もまだ自虐史観と言われるようなものはなかったわけです。学校で、「日の丸は駄目だ」、「君が代は駄目だ」という声が上がり始めたのは、昭和四〇年代の半ばくらいから後半にかけてなのです。

有本　ＧＨＱがつくった教育を受けた世代が社会の中心を担うようになってきた時代。

百田　そう。実際に日本中を自虐思想が覆うのは、〝ＧＨＱの子供たち〟が成人して社会に進出するようになってからなのです。ＧＨＱの洗脳工作は、二〇年後に花開いたわけです。そして、それ以降、当たり前ですが、戦前生まれがどんどん減っていき、戦後の間違った教育を受けた世代がどんどん増えていきます。つまり、そこから戦前戦中を知っている人と、戦後の教育を受けた人の人口比率が変わっていったわけです。

八〇年代の政治家つるし上げ

百田　しかし一方で、そのように人口比率が変わっていっても、たとえば政治家、特に大臣などの重鎮クラスはまだ皆、戦前生まれでした。だからしっかりしている人が多かったですね。

有本　戦前の官僚であったりした、エリートも多いですよね。こういう人たちが戦後日本の状況を苦々しく思って発言したこともありました。するとそれを今度はメディアが「問題発言だ」と言ってつるし上げるということが、一九八〇年代ごろから幾度も起きてきた現象ですね。

たとえば、有名なものに中曽根康弘内閣における藤尾正行文部大臣の罷免《ひめん》がありま す。藤尾氏は大正六（一九一七）年生まれですから戦前戦中を知っている方です。その藤尾氏が昭和六一（一九八六）年、月刊『文藝春秋』（一九八六年一〇月号）の対談で日韓併合などについて言及したのです。「韓国併合は合意の上に形成されたもので、日本だけでなく韓国側にも責任がある」などの発言がありました。すると大騒ぎになった。発売前のゲラを官邸が入手して文藝春秋に削除や訂正を申し入れ、拒否されたりもしています。当時の読売新聞に政府・与党の首脳会議の様子が報じられていますので次に引きますが、これは当該雑誌の発売前の報道です。

〈玉置総務庁長官　藤尾君の心境を聞いてもらいたい。

藤尾文相　文芸春秋の編集長らがきて三時間にわたりインタビューを受けた。内容は十日発売の文芸春秋を見てほしい。ただ、面白くないことが（これに関して）一、二点ある。

今月十日に文芸春秋が発売されるのに、（原稿の）ゲラ刷りが首相に（前もって）渡されたと思うが、官邸から事前に記者クラブにバラまかれた（本社注＝記者クラブにゲラ刷りが配られた事実はない）。思ったより早く表面に出て、新聞に出た。〈日韓併合、ロシア侵攻など持論の史観を詳細に説明したあと〉以上の歴史的事実はウソではないんだ。一から十まで、全部、日本が悪いというんではない。そういう考え方は韓国側に改めてもらいたい。

〈南京事件などにも言及したあと〉日韓関係が厳しくなっているのは申し訳ない。無理からぬことだ。しかし私は何も悪いことはしていない。率直に話し合うのが外交ではないか。また歴史的事実を消し去ることはできない。

新聞によると、後藤田官房長官は「日韓外相会談が出来なくなる」とか言ったというが不愉快だ。

（四日に首相と会った時）首相は「君が責任を持ってやったことだから、大勇断で辞表を出してほしい」といわれた。しかし私も七十歳で、今後、求めるものは何もない。私たちの輝ける明治の先達の歴史を踏みにじることは、今日、生きる政治家として承服できない。

中曽根首相　歴史に対する藤尾さんの考え方について、私自身も考えさせてもらう。しかし、歴史にはいろいろな見方がある。いろいろな学説もある。しかし、国務大臣や政党の要路、責任ある立場にある人は、学者やジャーナリストとは違う。国民に与える影響が大きい。公的立場だから、国民の多数が考えている見方を選ぶべきだ。

とくに、歴史を考えると、被害にあった国民がどう思うかを考えるべきだ。戦後、私たちはアジアの国々を大切にするという考え方をとってきた。対外的配慮が重要だ。したがって藤尾文相の発言は、妥当ではない。子孫のために、アジアの隣国の友好を大事に残していかなければならない。（文相が）私のところにきて、「自分で始末する」と言ったが、（私も）「自分ならこうする」ということも言った。

文相　首相の平和への努力はわかる。しかし、私の信念を曲げるわけにはいかない。

私が辞表を出せば信念を曲げることになる。歴史を変えるわけにはいかない。私を厳しく処断して、罷免してほしい。その方が政府にとってもよいだろう。〉（読売新聞一九八六年九月九日）

百田　読み直していても、藤尾氏の言っていることは正しい。中曽根首相がメディアや韓国に忖度している、というか怖れているのがわかる。で、中曽根首相はおそらく内閣をメディアに攻撃されるのが嫌で、この日、藤尾氏に辞表を出すように迫った。しかし藤尾氏はそれを拒否したので、罷免されたというわけですね。

ただ、何度も言うように、藤尾氏の発言は全く間違っていない。いや、むしろ歴史に則った常識です。

家で修正された歴史観

有本　そうです。八〇年代にはまだ藤尾氏のような方がいらっしゃったのです。

何度も申し上げますが、私は田舎育ちでしたから、たとえば祖父は戦友会に喜んで出かけていき、近所のおじいちゃんは「『皇居』なんて言ったら駄目だよ。『宮城』って言うんだよ」と教えてくれました。「樺太」「満洲」と普通の会話で話していましたし、「中国」のことは、だいたいみんな「支那」と言っていました。それをふつうに聞いて育ったわけです。

ところが、私が中学生になった昭和五〇（一九七五）年ごろには、先ほど百田さんが言われた団塊の世代の先生がすでに教壇に立っていて、その先生に社会科を習うことになります。ここで状況が変わってくる。

たとえば、ベトナム戦争は私が中学生のときに終わりましたが、このとき、担当だった団塊の世代の先生に何を教えられたか。「ベトナムはこれで社会主義国になる、素晴らしい国になります」と、こうです。

他にもあります。その先生は社会科の教科書を私たちにひもときながら、中国の人民公社についてこう言いました。「人民公社というのは、素晴らしい。人類の理想郷のようなものだ。人民公社にあるものは何もかもみんなのものなんだ、個人所有じゃないんだ」。こう言うわけです。それを聞いていて、「私は自分のものは自分のものというほうがいいけどな」と疑問に思っていましたけれども。

百田　まるでヤマギシズム（無所有の共同生活を行うヤマギシ会の理念）ですね。ヤマギシズムは、女も共有。どうでもいい話だけど（笑）。

有本 （笑）。先生の話を聞いて、私のほうがおかしいのかな、欲張りなのかと、ちょっと思ったり。でも、この話を数十年後、我々の友人である石平さんとの対談の席で披露して大笑いされました。石平さんは「その時代はパンツも一枚しかなかったから、人民公社に誰か外国人が訪ねてきたら、そのパンツをはいた一人しか外に出られなかった。そういう時代だったのに、何を言ってるんだ。みんなのものじゃなく、一つしかないのを仕方なくみんなで共用していたんだよ」と。笑って、しかも怒っていましたね。

話を戻すと、そういう先生に教えられたのですが、家に帰って、食事のときにその話をするわけです。「先生が、『ベトナム戦争が終わって、ベトナムは社会主義になっていい国になるんだ』と言ってた」と言うと、すかさず父が「お前の教わっている先生は、赤いんか」と茶化す。父は大阪の人間だから、そういうことをしゃらっと笑って言うんですよ。そのときははっきりとした意味はわかりませんでしたが、中学生の私も、「先生の言っていることは何かおかしいんだな」と感じるわけです。

つまり、家で親や祖父、周囲のおじいちゃんと話をすることで、学校で得た情報が修正されたりして、私の歴史観がバランスされたといいますか。学校で教えられることがすべて正しいわけではない、と思うようになる。私もその点では小賢しい子でしたから、先生の前では教えられたことを受け入れたふうですが、実際はちょっと違うのだろうな、という懐疑心はつねに持っていました。私の弟も同様だったと思います。

百田　有本家では、そういう風にきちんと修正されましたが、そうではない家庭もある。また、戦争を知っている世代がいなくなると、そういう環境がどんどんなくなっていますね。

有本　そしてとうとういままでは、日本人の「民族的な叫び」のようなものを受け止めてくれる場所がネットの中ぐらいにしかないのですね。その叫びを受け止め、しっかりと解析してくれるものがこの『日本国紀』なのだと多くの人が直感したのだと思います。左翼的な人たちや、自分は「知的」だと思っている人たちは、「ネトウヨ的」だとか揶揄するかもしれない。けれど、そんなことはどうでもいいんだと多くの人が思っている。

戦後エリートが、私たちの日本や私たちの大事な歴史を、「この国」などという無機質な言葉で呼び、嘘まで混ぜ込んで日本人を貶め、「愛国心などというものは、うさんくさい」などと上から目線で言ってきたことに対して「もうやめてくれ！」という叫びです。

当たり前の自分たちを取り戻したい。これに尽きると思います。それに、実際に読んでみると、『日本国紀』は特段、愛国心を鼓舞する内容にもなっていないですよね。

百田　全然。『日本国紀』は、虚心坦懐に「私たちは何者なのか」ということを見つめているだけの本です。

第2章
歴史は「物語」である

年表は歴史ではない

百田　私は小説家ですから、今回、歴史ではあっても「物語」を書きたいと思いました。そして通史を書くにあたって、いくつかの歴史教科書を読みました。またそれよりも詳しく書かれたものも読みました。それらの本を読んで気付いたことは、歴史教科書は物語ではなく、歴史の年表の解説本だったということです。

有本　事象の羅列ですね。近年では「一一九二《イイクニ》つくろう鎌倉幕府ではない」とか「足利尊氏像が別人の像ではないか」と、そういうことばかりが取り上げられますが、「一一九二」は歴史家の中にもあれでいいんだとおっしゃっている方がいたり……。

百田　私たちが習ったのは、一一九二年に源頼朝が鎌倉に幕府を開いたということでした。そういうと、まるで平安時代から鎌倉時代にポンと代わったように思うけれども、そうじゃないのです。鎌倉幕府ができたときは、日本が二つに分かれていた時代だと言えます。関東あたりは頼朝が支配していて、京都のほうはやはり公家や朝廷が支配していた。一種の分国状態がしばらく続いたのです。歴史というのはあるとき突然ポンと代わったりするものではないんです。

有本　その流れ、つまり従来の教科書では行間の部分がほとんどわからないですね。

百田　歴史の本を読んでみても、表にこそなっていないけれど、結局、年表なんですよ。何年にこんなことがあった、と細かく書いてあって、また何年にあんなことがあったと書いてある。日本の歴史教育も歴史家もそうなのですが、できるだけそこに主観を交えずに、淡々と事実だけを書こうとするから、余計にそうなるのでしょう。

でも本来は、「主観」が大事といいますか、別の言い方をすると、視点が大事なのです。これは誰が書いているのか、誰がこの事実を見ているのか、ということが大事です。

私は小説家ですから、物語はそれがないと書けないことを知っています。これは誰が見ているのか、つまり一人称なのか、三人称なのか、あるいはこれは神の視点なのか、というように、まず視点がどこにあるかがすごく重要なのです。

ところが、私が目を通した一般向けの歴史の本でも、その視点が欠けている。どれだけ詳しくても、年表は「歴史」とは言えません。

たとえば、「『万葉集』が編まれたのは何年頃です」「代表的な歌はこれです」という知識では、『万葉集』というものが本当は何にもわかっていないということになる。

山川の教科書ではこう教えている

【第４章２　鎌倉幕府の成立〈鎌倉幕府〉より】

その後，頼朝は逃亡した義経をかくまったとして奥州《おうしゅう》藤原氏を滅ぼすと，１１９０（建久《けんきゅう》元）年には念願の上洛《じょうらく》が実現して右近衛大将《うこのえたいしょう》となり，１１９２（建久3）年，後白河法皇の死後には，**征夷大将軍《せいいたいしょうぐん》**に任ぜられた。こうして鎌倉幕府が成立してから滅亡するまでの時代を**鎌倉時代**と呼んでいる。

（詳説日本史　改訂版　山川出版社））

【第２章４　天平文化〈国史編纂と『万葉集』〉より】

（前略）『**万葉集《まんようしゅう》**』は７５９（天平宝字《てんぴょうほうじ》3）年までの歌約４５００首を収録した歌集で，宮廷の歌人や貴族だけでなく東国の民衆たちがよんだ東歌《あずまうた》や防人歌《さきもりうた》などもある。心情を率直に表わしており，心に強く訴える歌が多くみられる❶。

（詳説日本史　改訂版　山川出版社）

※注釈記述

❶（前略）編者は大伴家持ともいわれるが，未詳である。

フィクションという意味ではない「物語」

百田　『万葉集』とは何なのか。現存する最古の和歌集ですが、何よりすごいのは、そこに掲載されているのは王侯貴族の歌だけではないということです。下級役人や農民や防人など、一般庶民ともいえる無名の人々から、遊女や乞食（芸人）などの最下級の人の歌までが網羅されている。芸人は最近では非常に地位が上がりましたけれども、昔は最下級の人々だったわけです。

これは何を表しているのか。和歌という素晴らしい芸の前には、すべて人は平等だということなのです。決して身分の高い人たちだけの歌ではない。素晴らしい歌を詠めば、そこには身分の差も何もないということなのです。『万葉集』にはその精神がある。そこがこの歌集の最も素晴らしい点の一つだと私は思っていますが、教科書にはそれを子供たちに教える視点がない。

また、『万葉集』は、身分の上下にかかわらず、当時の日本人は歌が詠めたということを表していると思います。これはすごいですよ。庶民も自然に詠んだんでしょうね。この素晴らしい点の一つが、強調された歴史教科書はありません。

有本　百田さんの原稿を編集者として拝見していて思ったことがあります。歴史教科書やこれまでの歴史の本は、因果関係がわかりにくいのです。もちろん、「この戦いはこういう理由で始まった」などということが一応は書いてあります。でも、わりあい単純にしか書かれていません。

一方で『日本国紀』は、そのときの社会的な背景がどうだったのか、経済がどうだったのか、紛争に至る経緯、因果関係が、限られた行数でわかりやすく書かれています。あるいは、今流に言ったら政局、たとえば朝廷内などの権力者を中心とした人間関係はどうなっていたのか。それらが立体的に書かれているから、因果関係がよくわかるんです。そういう意味でも物語なのですね。

この場合の「物語」とは「フィクション」という意味ではありません。歴史が立体的に書かれていると、「ああ、だからこういうことが起きたのか」とか、「これ、やらなくてもいい戦いだったよね」ということがとてもよくわかる。それは、歴史の研究をしただけ、事実を整理する能力があるだけでは書くことはできない、物語を書ける人でなければ書けないのだろうと思いました。

それから、百田さんはご自身のツイッターで「日本を褒め称えただけの本ではない」

とも書かれていますよね。

駄目なところがあるのが「物語」

百田　私は、ツイッターでこう書きました。

〈『日本国紀』は、日本を褒め称えただけの本ではありません。日本と日本人の素晴らしさを書いていますが、ダメなところや情けないところも書いています。書いていて苦しい時もありました。

しかし読み終えた後には、誰もが、日本に誇りを感じ、日本人であることに無上の喜びを覚えると信じています。〉

有本　日本人の格好悪いところもこの本には書いてある。これが物語なのですね。いつも順調な良い話ばかりではなくて、日本人に駄目なところがあったり、沈んでいる時期があったり、つまり浮沈がきちんと描かれているという意味でも、物語なのですね。私はこれも非常に大事なことだと思っています。

『日本国紀』では特に第一次大戦後、日本人が、国際社会というジャングルを生き抜くのにいかに適していない人たちだったか、ということが書かれています。科学技術の発展には凄まじい力を発揮し、またたく間に近代化を成し遂げた、その面の能力は恐ろしく高いのに、やはり国際交渉やかけひきの局面ではどうしても、日本人はお人好しというのか、ナイーブすぎる面が出てしまう。

百田　外交ではしょっちゅう騙されていますね。その騙され方もひどい。本を書いていて「何とかせえよ、わからんのか、相手の嘘が見えへんのか、そんなんに引っかかったらあかんやないかい」とツッコミ入れまくりでした。「やめとけー、あかんー。そこはサインしたらあかん」とか言いながら書いていました。

有本　（笑）。そういう日本人の駄目なところもしっかり書いてありますね。その点でもまさに「私たちの歴史」です。

百田　いちばん辛かったのは、戦後ですけどね。

有本　駄目なところまで含めて自分たちの歴史とすることについて、隣国の例でお話しします。たとえば中国共産党の言う「中国の歴史」は常に「栄光の歴史」です。国難の時代も栄光への道のりの一部として描かれています。作りものですからそうなります。一方で、チベット人が書いている歴史書を読むとかなり違います。

チベットにはダライ・ラマが現在の一四世まで一四人おられますが、中には、言っては悪いですがリーダーとしての資質の乏しい人もいました。お坊さんなのに外に女を作って、遊蕩の限りを尽くした人もいます。でも、チベット人は、そういう人まで含めてダライ・ラマを敬愛しているのですね。

たとえば、ダライ・ラマ五世は「偉大なる五世」と呼ばれた方なのですが、その後の六世は、女にうつつを抜かして、最後は謀殺されてしまいました。しかし、いま、チベット亡命政権の本拠地であるインドのダラムサラの街に行きますと、何軒かある書店では、現在の偉大な一四世の本の隣に、その六世の本が並んでいます。なぜかというと、この六世は女にうつつを抜かしはしましたが、そのぶん恋の詩をたくさん書き残したからです。それが実に素晴らしいのだとチベット人は言います。ダライ・ラマとしては優れていなかったけれども、詩人としては超一流ということで、誰もが愛しているのです。

これが、民族の歴史、自分たちの歴史だなと私は羨ましくすら思いました。駄目な部分まで含めて自分のものと捉えないと、自分の中に物語は取り込めない。『日本国紀』の中で、特に近代に入ってから、日本人の駄目なところや失敗が次々出てきますが、それも含めて、やはりわれわれの先祖の物語だなという気がするのです。

自分史を書くように

百田　私たちがふだん人を評価するとき、「長所」や「欠点」などと言いますね。でも、長所があって、欠点があるんじゃないんですよ。実は、長所と欠点は裏表なんです。その長所があるから、その欠点がある、みたいなところがある。だから、長所を描くと、どうしてもそこに欠点が出てくるわけです。

そういう意味では、歴史も同じです。

よく人は自分史を書きます。自分の性格、あるいは生きざまを見つめて書きます。自分の人生を振り返ると、このときにこんな決断をした、あのときにこっちへ行けばよかった、あっちへ行けばよかったということがあります。そうして、自分はあの両親だからこうなった、あの環境に育ったからこんなふうになった、こんなふうに生きたからいまこうなっている、と考えます。

私が歴史の本である『日本国紀』を書くときに行なったのは、それと同じように、まるで自分史を書くように、日本人を見つめ直していくことだったのです。有本さんが書いてくれた素晴らしいコピー、「私たちは何者なのか――」と問う作業ですね。私たちはいま、現在の日本についてこういうことを考えている。抱えているやっかいな問題もある。もちろん、世界に認められるいいところもある。いま現在の私たちは、どうやってできたのか。なぜ、いまここにあるのか。

『日本国紀』は、それを見つめ直していこうという旅だったのです。

有本　この本を書くこと自体が、日本人を旅するということですね。

百田　「歴史」は英語で「history（ヒストリー）」と言います。このヒストリーと、「物語」を表す「story（ストーリー）」は、同じ語源なのです。同じ言葉から「ヒストリー」になり、「ストーリー」になった。フランス語で「歴史」を表す「histoire（イストワール）」は「h」は読みませんからね。

だから本来、歴史というのは物語なのです。「どこそこにこんな規則がありました」「この時代にはこんな官職がありました」「あの時代の制度はこうなってました」——こんなことは本来、歴史じゃないんですよ。

有本　人の営みが歴史になるのですからね。物語が歴史になるとも言えるわけです。

学者は怖がって「I《アイ》」を消す

百田　私はしばしばこの物語の中で断定的に書いていています。見方について、どこかから文句が出ても闘おうという意志があるからです。私の視点、私の主観で書いているわけで、いくつかの事実を見てこれは私はこう思うという物語なんですね。ところが編集者が、私が断定しているのに「と言われる」なんて直そうとするから、その部分をまた消したりもしました。

有本　それはいわゆる「逃げ」の「言われる」ではなく、一般的にもこう言われているという意味の「言われる」にしたほうがいいのではという意味ですけれどもね。

監修してくれた歴史学者の久野潤さん（大阪観光大学講師）が、「百田先生は〝私はこう思う〟と書いているけれども、私たち歴史学者はこういう言い回しは絶対に使いません。〝事実としてこういうものがあります〟というふうにしか書きません」とおっしゃっていました。

百田　でも、たとえばアメリカの論文は〝I think〟と書きますよ。日本は怖がって書かないでしょう。「I」を消す。だから主語がない論文になってしまうわけ。

有本　久野さんは「でもこれは、小説家である百田先生の日本史なので、ああいう部分がたくさんあってもいいと思った」とも言っていましたけれどもね。

百田　『日本国紀』の中には、「私はこう思う」だけではなく、私の感情が随所に入っています。

有本　「私は誇らしく思う」とか。

百田　「私は感動する」とかね。こういう歴史の本はどこにもない。

有本　「ほほ笑ましく思う」というのもあった（笑）。

百田　「怒りを感じる」と書いたところもあります。そういう意味でも前代未聞の歴史の本です。

本来、歴史を物語らなければならないのに、日本の歴史書はいつのまにか「客観がすべて」と、自己を出さない、主語がない、そういう学術論文の書き下し的な本ばかりになってしまっているように思います。それだとおもしろくなるわけがない。歴史のダイナミズムを失ってしまっているのです。

繰り返しになりますが、歴史はストーリーです。いまの多くの歴史家はストーリーであることを忘れてしまっています。

通史は小説家の仕事だと思う

百田　日本は「言霊の国」で、言葉を非常に大事にするので、古今、素晴らしい作家が生まれています。ところが、通史を書いた小説家はほとんどいないんですね。

有本　確かに。三島由紀夫さんだって書いてないですよね。

百田　もちろん歴史作家はたくさんいますよ。海音寺潮五郎さん、山岡荘八さん、司馬遼太郎さん、さまざま素晴らしい歴史作家はいますが、彼らは「関ケ原」や「徳川家康」などを書いていますが、日本の通史を書いた小説家はいないんです。井沢元彦さんがライフワークで『逆説の日本史』シリーズ（小学館）を書いてらっしゃいますが、『逆説の日本史』は一つの大きな流れを描いているという意味の通史とはちょっと違うかなという感じもあります。

私は、通史を書くのは、小説家の仕事であっていいのかなあと今回、思ったんですよ。

有本　なるほど。そうかもしれませんね。

百田　どうして日本にはそういう作家がいなかったのかな、と。だからといって私が立派な仕事をしたということではなく、本当は、過去の偉大な作家が書いてほしかったなあという思いはあります。

有本　そうすると、もっと様々な歴史観が私たちの目の前に開けて、この人はこういうふうに歴史を見た、それなら自分はどう見るか、となりますね。

百田　そう。だから三島由紀夫さんが通史を書いてほしかったなあ、とかね。たとえば、夏目漱石が通史を書いたら、どうだったろうか、とか。

ところが、残念ながら日本の通史を書くのは、学者に限られているのです。さらにひどいのは、これは教科書を見たらわかりますが、著者が一〇人も二〇人もいたりする。なんですか、これ、と。平安時代は誰が書いた、鎌倉時代はこの人が書いた、江戸時代はこの人、とそんなことでは一つの流れにならないですよ。

寄せ集めでは物語にならない

有本　それはもちろん、それぞれの専門分野を分担されて大変なお仕事をされたとは言えるんですが、でも日本の国は非常に特殊で、一つの〝王朝〟が、二千年を超えて続いているわけですから。その一つの流れということを考えると、百田さんが言われるように、一人の筆で書く必要があると思いますね。

百田　教科書が、実際はどういうふうにしてできているかという細かい作業は知りません。でも、別の言い方をすると、たとえば船を設計して作るとしますね。そのとき、最初のフォルムを作る人がいなければ駄目なのですよ。マストは誰それが作った、スクリューはこういう人が作った、というふうにそれぞれ専門家は分かれますが、でも全体の設計図を描いた人がいないと船はできません。

家でもそうですよね。外装はあなたに頼む、内装はこの人に頼むというのがあっても、最初は建築士が設計して大きな枠組みを作りますよね。

ところが、どうも日本の歴史書は、そういう大きな一本の流れをドンと誰かが作ったという形跡があまりないんですね。最初から寄せ集めなんです。

有本　音楽で言うと、コンポーザーがいないということなのでしょうか。だから古い旅館が継ぎ足しで建物を拡張したみたいになる。こんなことを言ったら旅館に悪いんですが、つまり従来の歴史の本はそんな感じにも読めます。

百田　全体として建物を見た場合、ばらばらなんですよね。船でも、最初からいきなり「お前は外装、お前はスクリュー、お前はマスト」といって作ったら、できあがったものは船じゃないですよ。だからこそ、なぜいままで作家が通史を書かなかったのかと思います。でもなぜかたとえば、日本の女流文学者は、昔から『源氏物語』を訳すんですよ。

ハルキストとナオキスト

有本 確かに、大御所はみんなそうですね。

百田 与謝野晶子さんから田辺聖子さんまでね。

有本 「与謝野源氏」なんて言葉もあるくらいですから。

百田 円地文子《えんちふみこ》さんもね。

有本 瀬戸内寂聴《じゃくちょう》さんもそうです。

百田 でも通史は書いていない。それから日本の男性歴史小説家は、なぜか必ず『三国志』をやるんです。

有本 『三国志』、お好きですよね（笑）。

百田 吉川英治さん、宮城谷昌光さん、北方謙三さん……と『三国志』を書いた。

有本 日本で言う『三国志』は、実は『三国志演義』をもとにしていたりしますね。『三国志』は歴史書ですが、『三国志演義』はもとが小説なので面白いわけです。それは吉川英治さんのものを読めば十分かと。

百田　吉川さんの『三国志』は最初に書かれたという意味があり、それは立派な仕事ですが……。

でもなぜ『三国志』を書いた人たちは、日本の通史を書こうと思わなかったのか。戦後、アメリカ軍に踏みにじられたときに、太宰治さんや坂口安吾さんはなぜ「私たちは何者なのか」ということを書かなかったのか。

有本　それは確かにそうですよね。

百田　日本初のノーベル賞受賞作家の川端康成さんも『雪国』とか『伊豆の踊子』とか、素晴らしいけれど、何というか小さな世界の話でしょう。

有本　百田さん、そのへんでちょっと止めてください……（笑）。でも確かに、三島由紀夫さんはなぜ日本史という物語を「自分の仕事」だと思わなかったんでしょうね。

百田　日本的なものが失われようとするときにね。なぜもっとスケールの大きなものを書かなかったのか。雪国の芸者の話も伊豆の旅芸人の娘の話も、ある意味で「日本的なもの」ですが、日本人とは何か、というところの物語ではない。いや、川端さんを否定しているんじゃないんです。川端さんクラスの大作家なら、そこに挑んでほしかったという気持ちです。

つまりここで言いたいのは、本当は「百田もとうとう日本史を書いたか」と言われたかったということです。多くの作家が皆、日本史を書くというふうになっていてほしかった。

たとえば、村上春樹さんの作品の登場人物を見ていると、「あれ？　この人、どこの国の人間？」「どうしたら、こんな考え方ができる人間が生まれるの？」「この主人公は、どんな両親の元で、どういう育てられ方をしたらこんなふうになるの？」と思うでしょう。でも村上さん本人にとっては「いや、それがコスモポリタン」ということなんでしょうが。

有本　それ以上は百田さんが言うとまた炎上するかもしれないから私が言いますよ（笑）。

いまの日本にはハルキストとナオキストがいるらしいのです。村上春樹好きと百田尚樹好き。村上さんの小説の登場人物については、私も「どこの国の人なの？」と思います。はなから世界マーケットを想定して書いておられるからか、コスモポリタンと言えば聞こえはいいかもしれないけど、背景がわからない、無国籍な感じが強いんですよ。だから作品に自己投影できる人は、なかなか器用だなと思います。

その点、百田尚樹さんの場合は対照的で、「私たちのヒーロー」を書かれる。これはナショナリズムの問題ではなくて、自分たちの持っているにおい、背負っているもの、そういうものが見えてくるところに、作品の醍醐味がある。百田作品を読んだ人は、それをみんな知っているんですよ。

百田　ありがとうございます。

村上さんが通史を書いたら

有本　百田さんの小説の特徴はいろいろありますが、一番の特徴は、スルスルと読めるということです。いままで本なんて読んだら頭が痛くなったり眠くなったりした人でも読み通せる。それはなぜかというと、百田さんはレトリックを使わないからです。使おうと思えば使えるのでしょうが、それをしない。文学的レトリックを嫌っているのかと思うほど、排除しているんですね。

特に、センテンスとセンテンスの間をつなぐものを廃しているから、全部のセンテンスがすーっとつながって、一つの映像世界にどっと一気に読者を連れていく力がある。

これが百田作品の特徴ですが、一方で村上作品はレトリックがすごいのです。なかには「え？　なんでこういう喩《たと》え？」というものがあったりします。「でも、それがおしゃれなのかなあ」という感じで。そういう点で、もし村上春樹さんが通史を書いたらどうなってしまうんだろう、と（笑）。

百田　ハハハハ。

有本　イスラエルで文学賞をもらったときに「卵と壁」の話をなさった、ああいう話になるのかもしれませんね。

百田さんは絶対にそういう言い回しはしないので、その意味でも多くの人にとっての「私たちの歴史」となり得るのです。私たちを先祖の物語の世界にすーっと連れていってくれるような、そういうものを書くだろうという信頼感が、読者との間にできている。百田世界を体験したことのある人たちが「百田さんが書くんだったら」と期待した。だから発売前からベストセラーになったのだと思います。

日本の歴史でわかりにくいレトリックを使われたら、それで悩んでアイデンティティを見失いかねないですからね。読者はみんなわかりたいのに。

百田　私は、小説を書く場合でも、比喩や喩えが嫌いなんです。実は日本文学の世界では、比喩と喩えが文学だと思っている。

有本　そうですね。かくいう私も若いころ、そういうのが好きでしたが。

百田　いかに、この状況を何か別のものに喩えるか。しかも、その喩えが、単純な喩えだったら駄目なんですよ。だいぶ考えて、「うーん、もしかしたらこれは、この喩えかもしれない」とやっと正解を導きだすようなものでないと。そしてこの喩えが難解であればあるほど、その作品が「高級」とされるわけね。

有本　アハハハハ。

百田　そういう作品を読んでいると、私はパズルをやらされている気分になります。「お前はこの比喩が解けるか？」という。私はパズルをやりたくないんだ。物語を読みたいのにどうしてこんな……。

有本　このくだりは、また世の物書きをだいぶ敵に回しますからほどほどにね。

百田　だから日本の純文学作家は皆、難解なパズルに挑むわけ。そして文学評論家は「オレはこのパズルを解けたぞ！」って。ともかく日本文学の世界では、比喩、あるいはメタファー、あるいは暗喩とかいうものが、大好きなんですよ。

有本　わかります。でもそれは小説だけではなくて、評論もそうですよね。たとえばいまの社会問題やら、現実の政治を論ずるものを書くのに、こんな比喩や比較はいらないだろうというものが多いです。

いまの日本史には怒りも悲しみも喜びもない

百田　私が『日本国紀』を書くときに思っていたのは、常に、ダイナミズムを失わないこと。躍動していること。生き生きと物語が動いていないと、と。

死んだ物語では駄目なんですよ。出てくる登場人物たちが、いままさに目の前で動いている。そういうものでないと駄目なんです。

ところが、いまの歴史教科書や歴史の本は、全員死んでいるんですよ。

ここで誰かが怒ったとか、ここで誰かが立ち上がったとか、そんな描写はまったくないんです。でも、千年前であろうが、五〇〇年前であろうが、実際に、そこに人がいたんですよ。たしかにいたんです。

モンゴル人の元寇がありましたよね。モンゴルは日本に「服従せよ」と言ってきたわけですが、そのとき当時の日本人は「誰が服従するか！」と思ったんですよ。「なんだ、無礼な！」「屈辱的な外交などできるか！」と怒ったんです。その怒りを、私たちが物語を書くときには、伝えなければ駄目なんですよ。

有本　戦前はそういう生な物語を学校の歴史教育で聴いていたという話を聞いたことがあります。もう四半世紀くらい前でしょうか、あるシンポジウムの基調講演に、瀬島龍三さんが来られたんです。テーマは忘れましたが、瀬島さんはそのときご自分が戦前の旧制中学でどんな歴史教育を受けたかという話をされました。

当時は、いまの受験勉強のようなものはないし、上の学校へ行く子は行くんだけど、それでもまだ余裕があった、と。そして歴史の教師というのは大変なエンターテイナーだったとおっしゃったんですね。「しゃべりもうまかったんだよ」と。そのしゃべりのうまい先生の話にみんな引き込まれたというのです。ときには「よし、みんな、きょうは『義経千本桜』じゃないが、ちょうど桜のいい時期だから吉野山へ行こう」と、みんなで花見に出かけ、舞い散る桜吹雪の下で、先生が歴史の一場面をしゃべるんですって。いまは外で授業をするためにいろいろと手続きが必要だったりしますが、当時はそんなものはいらないから、教師の判断でできたんですね。

そうすると生徒は「あの時代はこうだったんだろう」と頭の中に映像が浮かんだものだと話してらっしゃいました。

百田　いい話ですね。それこそ教育です。でも、そういうのは、いまはまったくありませんね。

有本　先生に対する尊敬の念も、いまと比べものにならなかったと。先生というのは、自分たちに知らない世界を教えてくれる人だったと、瀬島さんは言っていました。

百田　たとえば、日本の神話も物語ですよ。『古事記』は日本で書かれた最も古い歴史書ですが、物語ですからね。ギリシャ神話もそうです。物語だから、神々が生き生きしている。そこには、怒りも、悲しみも、笑いもある。

有本　いまの価値観で見たら悪いこともたくさんやっています。

百田　いまの日本の歴史を読んでいると、そこには感情がない。怒りも、悲しみも、喜びもない。ただ、起こった出来事が淡々と書いてある。だから、日本の歴史書を読んでいると、私たちの先祖は五〇〇年前、千年前は、感情がない人間なのかという感じがします。でも、本当は私たちと同じなんです。

たとえばこれは、万葉歌人の山上憶良《やまのうえのおくら》が詠んだ「子等を思ふ歌」の一節です。

〈銀《しろかね》も金《くがね》も玉も　何せむに　勝《まさ》れる宝　子に及《し》かめやも〉

もう黄金も宝も関係ない。それに勝るのは、自分の子供だと。これは、現在の私た

ち と同じ感情なんです。

有本　そういうものを無味乾燥な世界にしてしまったのが、やはり「戦後」という時代なのでしょうね。クール、ドライなものがよいとなっていったのが「戦後」だとも言える。感情を込めるなんてことは格好悪い、あるいは馬鹿のやることだということですよね。

第3章　消された歴史

なぜ敗戦がたった一行なのか

百田　今回、いろいろな歴史書を参考に読んだのですが、「え？　なぜこれが書いてないの？」ということが、すごくありました。どうしてこんなに重要なことが削られているのか。なぜこの史実が歴史書の中で大きなページを割かれていないのか。なぜたった一行で書いてるのか、と。そういうものはものすごくあるんです。

例はたくさんありますが、もっとも極端な例が大東亜戦争の敗戦。たいがいの教科書は一行ですよ。

有本　「一九四五年、ポツダム宣言を受諾した。以上終わり」みたいな。

百田　ちょっと待て、と。日本という国が開闢《かいびゃく》以来、初めて、敗戦したんですよ。そして同時に、他国の軍に完全に支配されたんです。超大事件です。とてつもない大事件ですよ。これを一行で書いてどうするんだ、という話です。「ポツダム宣言を受諾して戦争が終わった」という一文からは、民族の屈辱、怒り、悲しみ、絶望が、まったく伝わってきません。

有本　ポツダム宣言受諾に至るまでの苦悩も伝わってきませんね。ひょっとしたら国体が壊されるかもしれないという、とてつもない大きな不安も伝わらない。

百田　ポツダム宣言受諾までには二度の御前会議が開かれていますからね。最初の御前会議が開かれたのは、東郷茂徳外相や阿南惟幾《あなみこれちか》陸軍大臣らの議論が紛糾し、ポツダム宣言の受諾について決まらなかったからです。最終的に鈴木貫太郎総理は天皇陛下のご聖断を求めます。それが昭和二〇（一九四五）年八月九日の深夜から一〇日の午前二時にかけての御前会議で、ここで「国体護持」のみを条件とするポツダム宣言受諾が決定されました。この場面は劇的という言葉ではおさまらない荘厳なシーンです。しかし歴史教科書では、まったく描かれていません。

その後、もう一度、八月一四日に御前会議が開かれています。これは天皇陛下が最高戦争指導会議に加えて全閣僚を集めて開いたものですが、ここでもすごい場面があります。陛下がなぜこのようなことを行われたか。それは軍がポツダム宣言受諾に抵抗していたからです。これを受諾すれば、日本が滅ぶかもしれないという可能性があったのです。

もしかしたら、民族が皆殺しにされるかもしれない。あるいは、国家が分断されるかもしれない。実際にドイツも分断されたし、朝鮮半島も分断されました。そういう国はいくらでもあるんです。あるいは、世界の歴史には、国が解体されて民族が流浪

山川の教科書ではこう教えている

【第10章6　第二次世界大戦〈敗戦〉より】

ポツダム宣言に対して，「黙殺《もくさつ》する」と評した日本政府の対応を拒絶と理解したアメリカは，人類史上はじめて製造した2発の**原子爆弾**《げんしばくだん》を8月6日**広島**に，8月9日**長崎**に投下した。また8月8日には，ソ連が日ソ中立条約を無視して日本に宣戦布告し，満州・朝鮮に一挙に侵入した。陸軍はなおも本土決戦を主張したが，昭和天皇のいわゆる「聖断《せいだん》」によりポツダム宣言受諾《じゅだく》が決定され，8月14日，政府はこれを連合国側に通告した。8月15日正午，天皇のラジオ放送で戦争終結が全国民に発表された。9月2日，東京湾内のアメリカ軍艦ミズーリ号上で，日本政府および軍の代表が降伏《こうふく》文書に署名して，4年にわたった太平洋戦争は終了した。

（詳説日本史　改訂版　山川出版社）

◇原爆投下から、ポツダム宣言受諾、降伏文書の署名まで、わずかな行数で書かれている。

の旅に発ったような例はたくさんあります。ですから、そのとき日本は、日本民族は未曾有《みぞう》の危機だったのです。そのときの日本人の苦悩と怒りと悲しみはすごかったと思いますが、そういうものが……。

有本　せいぜいわずか数行。

百田　そう。数行なんですよ。それではいけないと思いました。

有本　ですからそこを百田さんは『日本国紀』で紙幅を割いて書いておられます。他に『日本国紀』で大きく取り上げているのは「元寇」ですね。

元寇を大きく取り上げた理由

百田　はい。文永の役（文永一一年、一二七四年）と弘安の役（弘安四年、一二八一年）。

有本　元寇は従来の歴史の本では、「こういうふうに蒙古が攻めてきました。神風が吹きました。勝ちました。終わり」みたいな記述が多いですね。「はい?」という感じでしょう? 『日本国紀』では満年齢、弱冠一六歳で執権となった北条時宗がどういうふうに外敵に立ち向かったかを書いています。

百田　北条時宗は「弘安の役」の三年後、三二歳の若さで亡くなっています。

山川の教科書ではこう教えている

【第４章４　蒙古襲来と幕府の衰退〈蒙古襲来〉より】

しかし，時頼《ときより》のあとを継承して幕府の執権《しっけん》となった**北条時宗《ときむね》**（1251〜84）がこれ（編集註／朝貢）を拒否したので，元は高麗の軍勢もあわせた約3万の兵で，１２７４（文永《ぶんえい》１１）年，対馬《つしま》・壱《い》岐《き》を攻め，大挙して九州北部の博多《はかた》湾に上陸した。幕府は，九州地方に所領をもつ御家人《ごけにん》を動員して，これを迎え撃ったが，元軍の集団戦やすぐれた兵器に対し，一騎打《いっきう》ち戦を主とする日本軍は苦戦におちいった。しかし元軍も損害が大きく，内部の対立などもあって退いた（**文永の役《えき》**）。

——中略——

そこに南宋《なんそう》を滅ぼした元《げん》が，ふたたび日本の征服をめざし，１２８１（弘安《こうあん》４）年，約１４万の大軍をもって九州北部にせまった。ところが博多湾岸への上陸をはばまれているあいだに暴風雨がおこって大損害を受け，ふたたび敗退した（**弘安の役《えき》**）。この2回にわたる元軍の襲来を**蒙古襲来《もうこしゅうらい》**（元寇《げんこう》）という。

（詳説日本史　改訂版　山川出版社）

有本　元寇は鎌倉武士たちが国を守ったすごい物語ですよ。おそらくこの本で初めてこの物語を読む、知るという人も多いのではないですか。

百田　どれだけ命懸けで戦ったか。見たことのないような敵が、しかも自分たちの何倍もの軍勢が海の向こうからやってきた。それを相手に、皆、逃げなかったんですよ。怖くてふつうは逃げますよね。お命大事と、家族を連れてとっとと逃げる。

ところが、鎌倉武士たちは皆、逃げなかった。絶対にこの国に一歩も足を踏み入れさせないと必死で戦った。敵は見たことのないような武器や戦術を繰り出してきて、ものすごく苦戦するんだけれども、撤退せずに必死で戦ったのです。

特にすごいのは、二回目の弘安の役で、十数万人という世界戦史上に例のない軍勢がやってきたときです。高麗と江南から約四千四〇〇隻の船に十数万人の兵を乗せてやってきたのですが、これを鎌倉武士団は、九州本土に上陸させなかった。

有本　殲滅したんですからね。

百田　最終的にはそうですね。モンゴル人にはヨーロッパ、中東、それからロシア、インド……ユーラシア大陸のほとんどが征服された。でもモンゴル人はとうとう日本の鎌倉武士に勝てなかったのです。ちなみに、モンゴル人が勝てなかったもう一つの国はベトナムですけど。

有本　日本人とベトナム人はモンゴル人と戦って勝ったのですね。元寇でもわかりますが、九州のもののふたちは、有史以来、しょっちゅう外敵と戦っているんですよね。戦いの最前線にいたのが九州人。こういう歴史をずっと通して読んでくると、その子孫である九州人のこともわかります。いまでもアグレッシブな人が多く、成功する人も多い代わりに、ちょっと荒っぽい人も多い。なぜ九州人にそういう人が多いのか、とわかる気がします。

自分を奴隷として売った愛国者

百田　知られていない人物も取り上げましたね。たとえば講演などで『日本国紀』執筆中に、その内容を話したりしたのですが、びっくりするのが大伴部博麻《おおとものべのはかま》という人物を、誰も知らないことですよ。「大伴部博麻を知っている人、いますか?」と六〇〇人くらいの会場で訊くと、一人か二人が手を挙げるくらいです。こんな凄い人物がこれほど知られていないのかと逆に驚きますね。

有本　私も最近、大伴部博麻ネタはちょっと十八番《おはこ》にしています。

百田　ずるいな（笑）。

有本　ほとんど知られていないですよね。

百田　大伴部博麻は千数百年も前の人で、六六三年の白村江《はくすきのえ》の戦いで捕虜になった一般兵士ですね。いわゆる名もなき兵士。

有本　白村江の戦いは、日本・百済《くだら》と唐・新羅《しらぎ》の戦いですね。

百田　その戦いで大伴部博麻は捕虜になり、唐の長安に連れていかれて、そこで生活していた。捕虜といってもかなり自由はあったようで、そこで同じように半幽閉状態だった遣唐使四人と友達になったわけです。彼らはあるとき、唐が軍隊を組織して日本を侵略しようとしているという噂を聞いた。「これは大変だ」「なんとか日本に知らせないといけない」「このままでは日本は危ない」と彼らは思ったのですが、知らせる方法がない。日本に帰ることができないわけです。旅費がいるが、とてもそんなカネはない。困った、と。

そのとき大伴部博麻は「よし、俺を奴隷として売れ」と。彼は自らを奴隷として売って、そのカネを四人の遣唐使に渡したのです。遣唐使たちはそのカネで六七一年にようやく日本にたどり着いて、朝廷に唐の侵略計画を知らせました。

最終的には、唐はやってこなかったのですが、当時の天智天皇は防衛のために水城《みずき》（土塁）を築き、防人《さきもり》を配置して、敵からの侵略に備えたのです。

国難を前に、自分を犠牲にして、日本を守る。そういう愛国的な男が、現実にいたのですよ。こういうことを、なぜ、いまの歴史の教科書に載せないのか。まったく意味がわからないねえ。

有本　実在をはっきりさせられない、とかいう理由で、体よく消されたんでしょうねえ。

日本人の生き方が消された

百田　問題はなぜ消すのか、です。大伴部博麻は、戦後に消されたものを象徴していますね。

この大伴部博麻という人物の生き方は非常に特殊だとも言えますが、一方で、ある意味、これが有史以来、日本人の典型的な生き方でもあります。

日本は大東亜戦争で世界戦史上、例のない神風特攻隊をつくりました。もちろん、自らを犠牲にして味方を守った人物は過去、いろんな民族に存在します。有名なのは「橋の上のホラティウス」。これは古代ローマの戦いで、敵がローマ市内に入ってくるのを防ぐために一人橋の上で戦い、その間に味方に橋を破壊させ、敵の進入を防いだ英雄の伝説ですが、こういう話や人物はヨーロッパでも結構あります。神風特攻隊が世界を驚かせたのはこれを組織として行ったからです。

でも実は特攻隊がつくられる前にも、大東亜戦争で日本のパイロットたちは同じような戦いをしているのです。

たとえば、世界海戦史上初めて、空母同士が対決した昭和一七（一九四二）年五月の珊瑚海海戦という戦いがあります。オーストラリア北東部の珊瑚海において日米間で行われた戦いですね。空母同士の戦いでは索敵といって、敵の空母がどこにいるかを偵察機が捜しますが、その索敵で三人乗りの偵察機がとうとう敵の空母を発見した。ふつうはその場所を味方の空母に教えて帰るわけですが、彼らは帰還途中で味方の攻撃隊と出会ったのです。

このときに、この索敵機はＵターンして味方を誘導しました。自分は敵空母機動部隊の居場所を知っているから、自分についてくれば間違うことはないと誘導したのです。でも、そうすると、自分たちは燃料が切れて帰れない。

有本　片道なんですね。

百田　片道。それをあえて、三人乗りの艦上攻撃機は、誘導していったんです。自らを犠牲にして、味方の攻撃隊を助けたのです。

千数百年前にも大伴部博麻という人物がいたように、そのような日本人や軍人はたくさんいたのですよ。「俺は一生、奴隷として生きる。しかし、日本は助かるだろう」「日本を守らなければいけない」という生き方をした人物。その日本に存在した生き方を消してしまう。

この人物を消すのは本当に、いやらしい意図ですよね。ですから、私の『日本国紀』には「聞いたことがなかった」という人物をたくさん登場させています。

有本　近代でもそうですね。

百田　それは決して特殊な人物ではないんです。読んでいたら「わかる。これ日本人やな」という人物なんです。それを、その当時は大きな官職になかったから、というような理由で外していくのは、おかしいですよね。

本来、歴史は、大納言や右大臣、左大臣、あるいは将軍、そういうものでできているものではありません。その時代を象徴する人物、歴史を大きく変えた人物は、意外に無名の人物、よく知られていない人物なんです。しかも、歴史はその一人が変えたわけではなくて、おそらく同じような人が何人もいたんだなと想像させるんです。

歴史は、絶対に一人で変えることはできない。たとえば、よく「ヒトラーが歴史を変えた」と言われるけど、ヒトラーを選んだのはドイツ国民なんですよ。

有本　あの時代のドイツが、ヒトラーを選択したんだと思います。

百田　そうなんです。

もう一つ大伴部博麻の話で付け加えると、約三〇年ぶりに日本に戻ってきた博麻に対して、持統天皇が彼に勅語を送っているのですが、そこに「愛国」という言葉があるのです。これが日本の文献史上に初めて出た「愛国」という言葉です。「愛国」というと大東亜戦争中に盛んに言われた言葉と思われ、現代ではむしろ忌避されかねない言葉ですが、とんでもない！　千数百年前からある素晴らしい言葉なのです！

ばらばらの歴史では流れが見えない

有本　『日本国紀』は近現代史に紙幅を割いたのも特徴の一つですね。

百田　ふつうの歴史の本や歴史教科書は、だいたい明治維新で七割か八割は終わりますね。明治から現代までは二割か三割くらい。ところが私の本は明治維新でようやく半分です。明治維新以降の一五〇年が私の本では半分以上になります。

有本　だからたいへんでしたね。

百田　たいへんでした。でも、本来はそういう比率であるべきと思う。

有本　今に近い時代ほど資料が多くあるんですからね。

百田　資料もあるし、やはり「今」に一番つながるからです。今の自分たちの物の見方や考え方に一番近く、一番影響を与えているわけですから。でも、たいていの本ではその辺をさささーっと流してしまっている。世界とのかかわり合いについても、書いてはあるけれども薄い。だから大東亜戦争も、まるで一〇年くらいの経緯で起こったような書き方になっているんです。せいぜい満洲事変あたりからの原因で大東亜戦争が起こったと書いてあるけど、実は全然違うんですよ。

大東亜戦争に至るまでには、第一次世界大戦からの国際状況やアメリカとの関係を見なければならないし、さらに言えば、日露戦争も大きく影響しています。そして実は、ペリーの黒船が来る前からの大きな流れがあるのです。大東亜戦争はそういう百年近い単位で見なければ本質が見えてこないのです。

有本　大東亜戦争はその最終局面だったわけですよね。
実は同じ問題が世界史教育でもあります。

百田　ばらばらですね。

有本　そうです。世界にはたしかに様々な地域がある。たしかにばらばらなのですが、世界が交わってくる瞬間があります。
触れ合って、壊れて離れ、また触れて混ざり合って壊れてと、世界は動いていきます。この因果関係を教師が教えきらないんですよ。だから、生徒は何が何だかわからない。「イスラム史」「中国史」「ヨーロッパ史」みたいに、別のものを学ぶ感じになります。昨日までイスラムのことをやっていた、今度はヨーロッパか、わけわからん、となる。でも実際は大陸には入り乱れた歴史が流れているわけですね。その様子を教えきらないから、歴史が見えない。すると、つまらなくなりますよ。

百田　そう。たとえば、ローマ帝国が崩壊したのは、ゲルマン人がどんどん入ってきたからです。では、なぜゲルマン人が入ってきたかというと、フン族が入ってきたからですよね。なぜフン族が入ってきたかというと、そこには東洋の歴史が関係している。そういう意味ですごく因果関係があることなのです。

モンゴル人が一三世紀の初めに大帝国を作ったことも、イスラム社会やいまのロシアに多大な影響を与えています。

有本　世界史の授業では、そのあたりを立体的に教えられない。難しいとは思いますが、そのせいか、どうも日本人の中に「歴史脳」「物語脳」のようなものが育まれず、断片ばかり教え、覚えてしまう。そうして、学校では歴史嫌いの人が多くなる。

その反動から、大人になってから突然、歴史に興味を持ち、好きになる人もいますが、それもまた日本人特有のミクロの世界に入りがちですね。これが歴史をつまらなくしてしまう悪循環ではないかと感じます。

ペリーの黒船は来るのがわかっていた

百田　そう。みな歴史家はミクロのところに入っていってしまうんですね。「木を見て森を見ず」という言葉がありますが、今回の本（『日本国紀』）を書くときに心がけたのは、常に森の形をどうするかということでした。木は一本一本大事なんですよ。一本一本大事だけれども、木ばかり見ていて、いま自分が立っているところは、森全体の中でどこなのかわからないのでは駄目だと。全体の森を見ていて、なおかつ木も大事だということです。どうも日本の歴史の本を見てはっきり思うのは、そういう大きな視点がないということですね。

歴史の教科書には一つ一つの事象はきちんと書き記されていますが、流れは書いていない。流れを書いていないから、ある日突然、ペリーの黒船が来たと感じる。

有本 そうそう（笑）。それで日本人がびっくりしちゃった、みたいな。

百田 突然、ペリーがやって来てびっくりしたとなりますね。もちろんちゃんと教科書にはペリーが来る前からの事象が書いてあります。いろんな船がやってきているとは書いてあるのですが、事象のそれぞれが点として存在していて、つながっていないんですよ。

実は一八〇〇年代に入ったころから、外国船はどんどん押し寄せてきて、ペリーが来る直前には、もういつ外国船が強引に開国要求してくるかという状況だったのです。それなのに、その間、日本はぼーっとしている。教科書には、外国船が次々に押し寄せてきているのに、日本人がぼーっとしているということが、大きな流れとして書かれていないのです。

有本 たとえばペリーの来航について、ある中学生用の教科書は「ペリーの来航」で

山川の教科書ではこう教えている

【第９章１　開国と幕末の動乱〈開国〉より】

１８５３（嘉永《かえい》6）年４月に琉球《りゅうきゅう》王国の那覇《なは》に寄港したアメリカ東インド艦隊司令長官**ペリー**《Perry》《1794~1858》は，軍艦（「黒船」）４隻《せき》を率いて6月に浦賀沖に現われ，フィルモア《Fillmore》《1800~74》大統領の国書を提出して日本の開国を求めた。幕府は対策のないままペリーの強い態度におされ国書を正式に受けとり，回答を翌年に約してひとまず日本を去らせた。ついで7月には，ロシアの使節**プチャーチン**《Putyatin》《1804~83》も長崎にきて，開国と国境の画定を要求した。

ペリーは翌１８５４（安政《あんせい》元）年1月，７隻の艦隊を率いてふたたび来航し，条約の締結を強硬にせまった。幕府はその威力に屈して3月に**日米和親《にちべいわしん》条約**を結び,一中略一２００年以上にわたった鎖国政策から完全に転換した。

（詳説日本史　改訂版　山川出版社）

項目を立ててしまっています。ですから押し寄せていた状況がわかりません。

外国船の来航について、ある歴史の年表には一八〇〇年あたりにこうあります。「1796年　イギリス人ブロートン絵鞆（室蘭）に渡来、翌年にかけて日本沿岸を測量」「1797年　長崎渡来オランダ船、以後アメリカ傭船となる」「1803年　アメリカ船長崎に渡来、通商を要求」「1804年　ロシア使節レザノフ、長崎に渡来して通商を要求」とどんどん外国船が来ている。

その後、時代を下って次のようになっていく。

「1842年　イギリス軍艦来日計画伝わる」「1844年　フランス船琉球渡来　オランダ国王の開国勧告書簡来る」「1845年　イギリス船琉球渡来　オランダ国王の開国勧告拒否　イギリス測量船長崎渡来」「1846年　アメリカ東インドシナ艦隊司令官ビッドル、浦賀来航　フランスインドシナ艦隊司令官、長崎来航　天皇、海防厳重勅書」「1847年　幕府、彦根・会津藩に江戸湾防備を命じる」「1848年　幕府、異国船打払令復活を評議　アメリカ捕鯨船、西蝦夷地に漂着　フランス船、琉球来航」「1849年　イギリス軍艦マリナー号、浦賀渡来　幕府、異国船打払令復活を評議」「1850年　天皇、7社7寺に外患撃攘祈祷を命じる」「1851年　イギリス軍艦、琉球に渡来」「1852年　オランダ商館長、アメリカ使節来日を予告　幕府、アメリカ使節来日予告を大名に伝達」「1853年　ペリー浦賀来航」

外国船の来航にまつわるものだけを取り上げたので、押し寄せてきたことはわかりますが、これだと「たくさんの点」ですよね。ふつうの歴史の本もいったい何が起こっていたのかがいまひとつわからない。

百田　大きな流れとして書いていないんですよ。「何年にロシアのこういう事件があった」「何年になんとかが起こった」とぽんぽん書いてあるけれども、伏線にもなっていないし、助走にもなっていない。

有本　伏線を張るという着想はやはり作家、小説家ですね。

「ペリー来なければいいなあ」がない

百田　ペリーが来る一年前、嘉永五（一八五二）年に、オランダの商館長が幕府に「来年、ペリーが来ます」とアメリカ艦隊の開国要求のための来航情報を伝えているんですよ。

有本　にもかかわらず。

百田　にもかかわらず、幕府の閣僚たちは、「ペリーが来なければいいなあ」と願っていたのです。仏壇でも拝んでいたのでしょうか。

有本　どうなんでしょうか。

百田　歴史の教科書にはその「来なければいいなあ」という状況が書かれていないのです。もちろん、どこにもそんなことを言っていたという証拠はないですよ。でも、歴史を見ると「来なければいいなあ」と思っていたのは丸わかりなんですよ。なぜなら、ペリーがやって来たとき日本には何の対策もなかったからです。一年前にペリーが来るとわかっていたのに何の対策も練っていないということは「来なければいいなあ」と思っていたということですよ。

有本　いまと同じ人々がそこにいますよね（笑）。そういう意味では、笑いごとではないですが、我々の先祖だなという感じはしますよ。

百田　そうなんです。いまの私たちは戦後七〇年の間に完全に平和ボケになってしまいましたが、実は幕末の日本人も同じでした。江戸は、少しスパンが違いますが、鎖国していた約二五〇年の間に完全に平和ボケになっていたのです。そして実は平和ボケは、もう一つあるんです。それは平安時代なんです。寛平六（八九四）年に遣唐使を廃止した時点で「プチ鎖国」なんですよ。

有本　そこから外のものは入って来なくなりましたからね。

百田　だからこそ平安のいわゆる華麗な日本の文化が花開くんですよ。それまでの漢文から仮名文字が発見され、清少納言や紫式部が出てきて、きらびやかな日本独特の王朝文化が花開くんですが、同時に平和ボケになるのです。

　だからよく人権派の弁護士が言いますよね。「日本は平安時代、死刑がなく、人権意識が進んでいた」と。

有本　たしかに平安時代は三〇〇年以上にわたって「死刑」が行なわれなかった。

百田　そうです。確かにこれは世界的に見ても希有なことではあります。でも、それは「すごいこと」ではないんですよ。天皇や太政官が「死刑」という恐ろしいものにかかわると「身が穢《けが》れる」と考えていたからなんです。祟《たた》ることを恐れたということもあります。だから罪人は都から追放した。決して人権意識から死刑を廃止したのではありません。

有本　嫌なものを見たくないだけということでしょうか。

百田　そう、だから平和ボケ。

平安時代の平和ボケ

百田　本にも書きましたが、平安中期の寛仁三（一〇一九）年に「刀伊《とい》の入寇《にゅうこう》」という事件がありました。「刀伊」というのは満州の沿海州に住んでいた女真族のことで、後に金や清を建国する民族です。その刀伊の大軍が対馬、壱岐、北九州を襲い、老人や子供をはじめ数百人も殺して、女性や農作物を奪っていった。滅茶苦茶に荒らし回った。これは完全に戦争なんですよ。日本の歴史では軽く扱われていますが、これは完全な侵略戦争です。ところが朝廷は「えっ、そんなのが来てるの？」とひたすら夷狄《いてき》調伏《ちょうぶく》の加持祈祷《かじきとう》。

有本　いまの百田さんの加持祈祷の身振りは……（笑）。当時の平和ボケがよくわかるといえばわかるのですが。朝廷は武力を使いませんでしたね。

百田　そう。朝廷はいかにして刀伊と戦うかをまったく考えていない。ひたすら夷狄はどこかに行ってくれと祈るだけ。刀伊を撃退したのは、大宰権帥《だざいのごんのそち》（大宰府の実質的な長官）だった藤原隆家です。道長の甥ですね。この人が地元の武士たちを組織して戦った。隆家は道長と関係が悪くて左遷された人ですが、彼が日本を守りました。

山川の教科書ではこう教えている

【第3章3　地方政治の展開と武士〈源氏の進出〉より】

11世紀になると，開発領主たちは私領の拡大と保護を求めて，土着した貴族に従属してその郎党となったり，在庁官人になったりしてみずからの勢力をのばし，地方の武士団として成長していった❷。

※注釈記述

❷　1019（寛仁《かんにん》3）年，九州北部を襲った刀伊《とい》の来襲の際には，大宰権帥《だざいのごんのそち》の藤原隆家《たかいえ》の指揮のもと，九州の武士たちがこれを撃退した。このことは，当時の九州にも武士団がつくられつつあったことを示している。

（詳説日本史　改訂版　山川出版社）

◇「刀伊の入寇」「刀伊の来襲」をめぐっては、武士団の成長をめぐる記述の補足説明としての欄外の注釈記述しかない。別ページの注釈に、「契丹の支配下にあった沿海州地方に住む刀伊《とい》と呼ばれる女真人《じょしんじん》は，のちに金《きん》を建国した」とあるが、来襲には触れていない。

ところがこの藤原隆家は歴史の教科書などには、大きく取り上げられません。

有本　そうなんですね。歴史好きの間では、イケメンだったなどとも言われていますが。惜しいことです。

百田　なぜかというと、ときの朝廷は彼の戦いぶりを全く認めなかったからです。

有本　隆家の武勇伝をクローズアップしてしまうと、自分たちの加持祈祷に効力がないという話になってしまうからでしょうか。

百田　そして褒賞も与えていない。「戦功あらば褒賞を与える」と指示を出す前に、勝手に戦ったのだから褒賞を与える必要はないという理屈。「なぜ褒賞を与えなければならないのか」とこうですよ（笑）。

有本　現代の自衛隊や海上保安庁に対する態度とどこか似てますよね。

百田　私ら命令してないよ、現場でうまくやれよ、とこうです。

有本　当時の朝廷はそんなふうだったんですね。でも日本人には脈々とその気質が継がれていますねえ。平和ボケは、いまの我々だけかと思ったらそうでもない。

幕末の平和ボケ

百田　『日本国紀』には日本人の駄目なところを書いていると先ほど話しましたが、まさに平安時代の「刀伊の入寇」はそれに当たります。

幕末の話に戻ると、嘉永六（一八五三）年にペリーが来航して開国要求をしますね。さあいよいよ日本の鎖国がこじあけられるとなって、大騒ぎになった。幕府の号令で異国と戦争になるかもしれない。もちろん幕府は「旗本八万騎」と言われる旗本の数、つまり日本最大の軍隊を持っています。しかし旗本は「えー！　戦争になるんかいと。じゃあ鎧《よろい》、兜《かぶと》が必要だ。でももう家にない、と（笑）。

有本　たいへんだ（笑）。

百田　それで旗本や御家人が古道具屋に殺到して、それまで一〇両ほどだった具足が七〇両から八〇両にも跳ね上がった。みんな鎧・兜を買い漁るから値が上がるわけです。それから、先祖伝来の刀をいよいよ抜くときがきたといって、抜いたら錆びていた（笑）。だから壊れた武具を直す鍛冶屋が大繁盛したのです。そういう状況でした。

日本が鎖国している間に、東南アジア諸国はほとんどがヨーロッパ列強の植民地にされていました。当時、中国は清王朝ですが、その清も一八四〇年からのアヘン戦争で負けてどんどん列強に侵食されていた。そういうなかでアジアの植民地争奪戦の最後が日本でした。ヨーロッパは、彼らから見ると「極東」に位置する日本を飲み込もうとしたのです。それ以外はすでにみんな飲み込まれたわけですからね。ヨーロッパにとって、日本はアジアで最後に残った植民地化のターゲットで、開国要求はその手始めみたいなものです。

その結果、日本は欧米列強と続々と不平等条約を結ばされました。安政五（一八五八）年の「日米修好通商条約」は日本にとって極めて不利な条約です。「関税自主権がない」「アメリカの領事裁判権を認める（事実上の治外法権）」という二つの条文がある不平等条約でした。同年、日本はオランダ、ロシア、イギリス、フランスともほぼ同様の通商条約を結ぶことになります。「安政の五ヵ国条約」と呼ばれるこれらの条約のために苦労します。

でも、ここから日本は一丸となって欧米列強の干渉をはねのけていきます。追い込まれると、日本人はすごいんですよ。とんでもない底力を発揮するんです。

第4章

日本人は駄目だけどすごい

提灯屋が蒸気船をつくった日本

百田　歴史を学ぶ意味は何か。やはりいまに生かさなければ意味がありません。

ビスマルクの有名な言葉がありますよね。「愚者は経験に学び、賢者は歴史に学ぶ」。私たち現代人は直接経験していなくても、広く日本人として見てみると過去の歴史があるわけです。それを学ばなければ、歴史を学ぶ意味がないのです。歴史は単なる学者の好奇心のためのものではありません。

有本　そういう意味でも「私たちの歴史」にしなければならない。歴史を私たちの手に取り戻さなければならないのですよね。文献の中にある文言ではなく、私たちの先祖がどう生きてきたのか。どのような失敗をしてきたのか。その積み重ねである歴史を見直さなければならない。

百田　そこから自分たちの長所と欠点を自分たちで把握することが重要です。

たとえば欧米列強に追いつけと一気に近代化を成し遂げる日本人はすごいですよ。象徴的な事象はいくらでもありますが、たとえば幕末には薩摩藩、佐賀藩、宇和島藩の三つの藩が蒸気船をつくっています。薩摩藩は日本初の蒸気船「雲行丸」、佐賀藩は「凌風丸」、宇和島藩も蒸気船を完成させています。

本を読んで研究して、それぞれ独自に蒸気船をつくっているのです。こんなこと信じられません。

有本 江戸時代は藩校や寺子屋の世界でしたからね。

百田 しかも宇和島藩で蒸気船をつくった男は提灯《ちょうちん》屋だからね。

有本 この話は本当にすごくておもしろい。私、大好きな話です。

百田 宇和島藩主の伊達宗城に蒸気船をつくるよう命じられた家臣が、困った末に連れてきたのは城下町の提灯屋。前原嘉蔵という男ですが、殿様に何とかつくってくれと言われて「やりますわ」と。

有本 器用で評判だというだけで連れて来られた提灯職人だったというのがすごいけれど(笑)、でも、やってみようとなるのがまたすごい。殿のご命令だったからでしょうけど、ふつうは、やろうとも思わないはずです。

百田 そう。同時代に東南アジアの人々も、アフリカ、インド、清朝の中国の人も、それから朝鮮人もみんな蒸気船を見ているわけですが、彼らは誰もそれをつくっていない。彼らはただ「すごいねえ。西洋人はすごいのをつくるねえ」と見ていただけ。しかし日本人は「なんだこれ！　帆もないのに走るの？　どういうこと？　どうして走るの?」と考えた。当時、外輪船といって、スクリューではなく外輪を回転させて推進したのですが、日本人はそれを研究したのです。外輪が回っている、と。「なるほど、では動力は?」と考える。「そうか湯気か!　湯気がタービンを動かすのか!」と。「ほー、じゃあやってみよ!」。

有本　(笑)。すごいですね、我らが先人は。

百田　それで、あっという間につくっちゃうんですよ。ペリーの黒船が来てから数年で、蒸気船をつくってしまった。

でも悲しいことに日本は江戸から明治にかけていったん文化の断絶がありますね。だから幕末に蒸気船をつくった話が、歴史にほとんど出てこないのです。つくったのは江戸幕府の時代だからです。

消された小栗上野介

有本　「薩長」が消してしまったのでしょうか。

百田　文化の断絶で象徴的なのが「江戸」が「東京」になったことです。私は当時を生きていないけれどもこの改名には大反対ですよ。たとえばロンドンやパリは、歴史のある古い街です。江戸もそれらの街と負けないくらい伝統ある都市と言えます。それを慶応四（一八六八）年に「東京」と変えた。明治天皇が「江戸ヲ称シテ東京ト為スノ詔書」を発し、江戸は東京となったのですが、「東の京」というのは人工的で無機質な名前ですよね。

要するに明治政府は江戸の痕跡、幕府の功績を全部消したかったのですよ。

有本　そうなのでしょうね。

百田　だからいま有本さんが指摘したように「薩長」なのですよ。これは微妙な話ではありますが、明治維新を牽引した薩長は江戸の文化をことごとく破壊しているのです。浮世絵は捨てて、これから欧米式で油絵だ、と。「散髪脱刀令」を出して、男はそれまでの髷《まげ》を切って「ざんぎり頭」になった。華族や士族は洋服を着るようにもなった。

有本　江戸を憎んでいたのでしょうか。

百田　歌舞伎みたいな不細工なものはやめて、新劇をやろうとかね。青表紙、黄表紙、滑稽本なんてやめよう。これからはヨーロッパ式のドイツ文学だよ、と片っ端から西洋の真似をして、あっと言う間に日本の大改造が行われたのです。それまで江戸幕府が庇護していた囲碁や将棋の家元の面倒も一切見なくなりました。
　薩長の田舎者は文化がなかったのですね。だから江戸の文化に対する憎しみがあったような気がするな。
有本　中国の王朝が変わるときに起きている破壊の規模の小さいものなのでしょうか。前の時代のものを破壊する。でも実際、壊したものに取って代わる偉大な新進文化の力があるかというと必ずしもそうではないという。
百田　今回、完全に消された歴史上の人物の中でクローズアップしたのは小栗忠順《ただまさ》です。江戸末期の幕臣で後に小栗上野介《こうずけのすけ》と称する人です。彼を知るとわかりますが、明治政府は小栗の真似をしているだけですよ。
有本　そうですね。その優れた小栗は最後には戊辰戦争で抗戦を主張したために官軍によって斬首されました。

田沼意次を再評価

百田　小栗は日米修好通商条約批准のために遣米使節に監察として随行し、帰国後は外国奉行、勘定奉行、軍艦奉行などを歴任しました。勘定奉行としては幕府の財政を立て直し、横須賀製鉄所（後の横須賀海軍工廠）を建設した人です。軍事改革も行っている。

大隈重信がまさに、明治政府の政策は「小栗忠順の模倣」と語っていますが、こういう人物を明治政府は消してしまっています。

有本　そう。中国の易姓革命《えきせいかくめい》ほどの完全な破壊ではありませんが、日本にも「プチ破壊」は起きています。それを近代でいちばん行ったのは薩長の人たちということでしょうか。

『日本国紀』が出たあと、さまざまな立場の人から賛否両論が発せられているわけですが、その中に「百田さんは長州嫌いじゃないか」という論がありました。複数の方が、長州に厳しすぎる、安倍晋三総理とも親しいのになぜだ、と（笑）。これは、好き嫌いの話ではまったくないと思いますし、安倍総理との親しさで歴史の見方が左右されるようなら、そのほうが問題かと思いますが。

ただ、こういう見方をする方もおられますから少し触れますと、安倍総理ご自身は東京で生まれ育っているけれども、長州人らしいところがあるなとは感じますよね。安倍晋三という政治家は本当の意味で「リベラル」な政治家であり、改革者、闘う政治家でもある。やはり長州人なんだなと感じる場面があります。

百田　それはともかく私個人は、小栗忠順を歴史から消してはいけないと思いますね。総理も外国人労働者問題の本当のところをわかっているのか、いまの民衆の揺り戻しもわかっているのか。「薩長」のように文化の断絶に加担してほしくないと思います。

有本　『日本国紀』では、これまでたいてい汚職政治だとかフィクサーだと評価されてきた田沼意次《おきつぐ》もしっかり取り上げていますね。

百田　田沼意次は江戸時代中期、一〇代将軍徳川家治の時代に側用人・老中でしたが、意次の経済政策は画期的だったと私は思っています。幕府の財政を立て直すため、意次は商人からカネを徴収したのですよ。他にも積極的な経済政策を多々打っています。でも、すぐに効果は表れず、他の幕閣の反発や社会不安が高まり、家治の死とともに失脚するわけですが。

有本　いまの特定の価値観で見てしまうから「意次はよくなかった」という話になっているのか、あるいは反意次派のプロパガンダがいまに至るまで残っているのか定かではありません。前の時代の功績は次の時代に否定し消されたりするのは世の常とも言えますからね。事情は様々にありますが、紙幅の制限がある中で、田沼意次のような人にもできるだけ光を当てようと腐心しました。そして日本経済の近代化がどのように行われてきたかを『日本国紀』ではかなり書いてあります。

経済がなければ、国は成り立ちません。その大事な側面をないがしろにしている歴史の本が少なくありません。従来の一般向け「歴史もの」の書籍では、政局的な謀略に重点が置かれてきましたから。

でも、実は経済の動き、変遷がわからないと、国の動き、世界の動きはわからない。そういう意味では、政治家にも『日本国紀』をぜひ読んでほしいと思いますね。

無名の人の力

百田　そうはいっても明治になってからの日本人もすごい。

有本　鉄道の開通でも信じられないことを成し遂げていますよね。

百田　たった二年半でやり遂げています。測量が始まったのは明治三（一八七〇）年三月。新橋から横浜の約二九キロを開通させたのは明治五年九月ですよ。その間わずか二年半。測量開始から二年半で鉄道を通してしまうのです。しかも途中に多摩川があるから橋をかけたりもしている。この橋は最初は木造、後に鉄橋になるけれども。

鉄道を通すためには測量や土地の確保が必要で、山あり谷ありの大変な近代的作業ですが、それを成し遂げたのはみんな江戸の生まれ。

有本　時代が下って、戦後の新幹線もそうですよね。当時、新幹線のような高速鉄道は世界になかったのですから人類史上の偉業と言っていい業績です。

百田　そう、世界にない。当時は不可能な技術だと言われていましたからね。時速二〇〇キロで走る鉄道なんて、第二次世界大戦の戦勝国だったアメリカもソ連も無理だと考えていました。それを戦争に負けてボロボロになった日本が戦後たったの一九年で成し遂げたのだからすごい国です。

話を戻すと、明治の初めに日本は驚くべき近代化を遂げました。それはもちろん明治政府が「富国強兵」と号令をかけたこともあります。科学技術は三〇〇年遅れていたわけで、追いつかなければ、欧米列強に勝てないと政府が周知したことも大きかった。でも明治政府がいくら号令をかけても、そんなもので「富国強兵」が成し遂げられるわけがありません。

号令でなんとかなるのであれば、戦後のアジアの発展途上国はみんな日本と同じように近代化を遂げて、発展しているはずなのです。

つまり、「富国強兵」を成し遂げた、あっという間に欧米に追いついたのは、無名のものすごい数の人が必死になって頑張ったからなのです。その一例として何人かの生き方を挙げています。

もちろんその個人がすごかったということもあります。でも実はその個人は同時代の人々を象徴しているのですよ。同じような人が何人もいたということ。

帝国大学の工科大学（現東大工学部）初代学長である古市公威《こうい》は、内務省土木局長を兼務しました。つまりは、日本の近代土木行政や工学教育の基礎をつくった人ですね。彼が明治八（一八七五）年にフランスに留学したときの猛烈ぶりは有名です。土木工学を不眠不休で必死に勉強したわけです。その猛勉強ぶりを見たフランス人の下宿のおばさんが心配して「少しは休みなさい」と言ってくれた。そのときに古市が答えた有名な言葉があります。

「自分が一日休むと、日本が一日遅れます」

震えるようなセリフです。でも、当時、こんなふうに頑張っていたのは古市だけではなかったのですよ。ものすごい数の「古市」がいたから、日本はあっという間に欧米に追いつけたのです。

自前主義と誠実

百田　だから日本人は平和ボケになったらとことん平和ボケになりますが、危機にはすごい底力を発揮するんですよ。

有本　あいだがないのよね。極端です。

百田　ハハハハ。

有本　それと日本人の長所であり弱点でもあるのですが、何でも「自前主義」なんですよね。「自前主義」は勤勉さの賜《たまもの》であり、技術力などが蓄積される利点がある一方で、他人の力を使うという謀略力が養われないということでもあります。

百田　なるほど、それは鋭い見方かもしれません。

謀略で思い出したけど、開国で不平等条約を結ばされましたが、その後、日本はどんどん強くなっていきましたね。このときに日本は「条約破棄」を宣言すればいいのに、しないんですよ。明治以降の一五〇年、日本は国際条約をずっと守り続けているのです。

有本　そうですよね。常に真面目に守り抜く。

百田　もう、こんなものやーめた、というのがない。信義というものを常に重んじる。それは素晴らしいことなのですが、重んじすぎるところがある。

有本　「誠意を持って」とかいつも立派なことを言う。それはいいんですが、世界中、そんなことでは動いていませんよ。隣の韓国を見てください。

百田　滅茶苦茶やからね。平成三〇（二〇一八）年になって、また日韓請求権協定を無視する暴挙に出ています。元朝鮮人労働者をめぐる訴訟で韓国の最高裁が日本企業に賠償を命じる判決を出しました。これは一九六五年の日韓請求権協定で「完全かつ最終的に解決」なのです。二〇〇五年の盧武鉉《ノムヒョン》政権もこれを認めていますからね。まあ定例行事。

有本　韓国が法治ではなく「情治の国」と言われること、そういう国が相手だということをいつまでたっても日本人はわからない。今回こそ、原則を曲げず涼しい顔で強い措置に出るべきだと私は言っていますが、日本人はどうものんびりしたり、相手の思惑に翻弄されて感情的になりすぎたりして、冷酷な大人の対応ができないきらいがあります。いまこそこれまでの歴史に学んだほうがいいのです。日本が韓国への対応を誤り続けた負の歴史に。

百田　日本人は誠実なのです。誠実すぎるのですよ。そして性善説なのです。「日本人はやさしくて誠実ですばらしい、嘘をつかない国民性だ」ということは、日本にやってきた外国人がおしなべて指摘しています。

有本　だから「プチ鎖国」が続くと、国際社会の厳しさがわからずに簡単に平和ボケになってしまうんですね。

戦国の強さがあったから鎖国できた

百田　平和ボケに関係することですが、戦国時代で忘れてもらいたくないことがあります。ちょうど戦国時代のあたりから西洋人による有色人種の国の植民地化が始まるのです。ちょうど同じころに南アメリカのインカ帝国、アステカ国がスペイン人によって滅ぼされているんですよ。スペイン人の宣教師には純粋にキリスト教の布教という理想に燃えていた人もいますが、一方で植民地政策の先兵となっていた宣教師もたくさんいる。つまりキリスト教の布教によって、その国の文化と精神を粉々にし、その後、スペインの軍隊がやってきて征服するというわけです。そのような役目を担った宣教師が日本にもたくさん来ていたのです。

でもその宣教師がスペイン国王に手紙を送っています。「この国を国王に与えたいけれども、強すぎるから無理だわ」とね。

つまり、「この国は強い」と報告しているのです。国を守るのは「強さ」なんですよ。戦国時代の日本は、もしヨーロッパの国々と戦っても負けなかったと思います。戦国時代の日本の鉄砲保有数は、全ヨーロッパの鉄砲保有数より多かったと言われています。少なくとも日本は世界最大の鉄砲保有国だったということです。

その後、戦国時代から徳川の時代になります。三代目将軍の家光が最終的に鎖国令を出しますが、当時は戦国の威風が残っていました。鎖国令を出したときに大人しく西洋人が来なかったのは、それだけ日本に力があったからなのです。力がなければ、鎖国もへったくれもないわけですよ。日本が強かったから鎖国ができたのです。

有本　本当にそうですね。抑止力があった。

百田　そうです。その後、鎖国状態で、西洋の科学文明を取り入れることを日本はしませんでした。その間にヨーロッパの科学技術はどんどん進歩し、二六〇年の間に力関係が逆転した。だから幕末にヨーロッパはやって来たのです。当初幕府は異国船打払令を出し、外国船がやって来たら大砲で砲撃すると強気の姿勢に出ましたが、アヘン戦争で清が負けたのを見て驚いた。「え？　あの清が負けたの？」と打払令をやめ、外国からやって来て困っている人には薪や水をあげましょうという薪水《しんすい》給与令を出した。まさに右往左往です。

有本　基本方針というものがないんですよね。

百田　そう。それも日本に「強さ」がなくなっていたからです。しかも幕府は間抜けで、「西洋はそんな強いのか、だったら西洋技術を取り入れよう」というのがなかった。先ほども言いましたが、ペリー来航の一年前から、とにかくもうこれ以上「来なかったらいいなあ」です。

有本　平安時代に続いての「来なかったらいいなあ」ですね。その次の「来なかったらいいなあ」はいつになるんでしょう。いまでしょうか。

「ことを荒立てるな」はそっくり

百田　こんなところもいまとそっくりですよ。ペリーの黒船は、江戸湾、いまの東京湾深くまでやってきて、東京湾の深さを測量しますね。そのとき東京湾の警護をしていた川越藩士が「許せん」と阻止しようとした。それを浦賀奉行が「幕府はことを荒立てるなと言っている」と押しとどめたのです。

浦賀奉行が「おまえたちの気持ちはわかるが、がまんして堪えてくれ」。川越藩士は目の前でアメリカ人が悠々と測量をしているのを見て「くやしい！」と。アメリカは堂々と小舟に乗って測量し東京湾のどこまで入れるか全部調べているわけ。いまの尖閣諸島と一緒。

有本　そっくりですね。日本はいつだってそうなのです。

百田　そう。日本の排他的経済水域に中国の船が入ってくる。領海にも侵入し、退去を命じても体当たりまでしてくる。勝手に測量はするし、東シナ海でガス田開発にかこつけてプラットホームを建造するなどやりたい放題。海上保安庁の巡視船も海上自衛隊も屈辱的なのです。撃ちたい。でも政府から「撃つな」と言われる。

有本　昭和六（一九三一）年に満州事変が起こる前も同じです。当時、満州で日本人に対する排日運動や暴力事件がどんどん増えていました。現地の領事館にその被害を訴えても、日本政府は「中国人に嫌がらせを受けても反撃してはならない」という方針でした。そのため日本人は満州の治安維持を担う関東軍を頼り、直接、被害を訴えるようになっていたのです。このことが満州事変につながっていくわけですね。

日本には常に「やられてもがまんしろ」と言う人がいますね。同じことを言っている人がいま、政治家にもメディアにも大勢いる。

「幣原外交」といまの政治家

百田　有名な「幣原外交」。

有本　幣原喜重郎は、なにはなくとも日支友好という人でしたからね。

百田　そう。現地の日本人はこんなにひどい目に遭っていると言っても、「がまんしろ」と。

有本　中国人による乱暴狼藉もなかったことにされているんですよね。幣原喜重郎は日本に多大なマイナスを与えた人だと思います。大正一〇（一九二一）年からのワシントン会議では全権委員として、アメリカによる四ヵ国条約の提案に乗って、日英同盟を破棄しました。愚の骨頂ですよ。

百田　アメリカはとにかく日本とイギリスの仲を裂きたかった。もしかしたらいずれ日本とことを構えるかもしれないからです。そのためにも日英同盟を破棄させようという策略。これを喜んで「わかりました、破棄します」と言ったのが幣原なんですね。

有本　「四ヵ国平和条約でどう？」とアメリカが言ったら「素敵」とね。

百田　そうそう。

有本　いまの多くの政治家たちと同じですよ。「もう日米同盟じゃないんだ。世界は多極化している。みんなと仲良く」。これと同じオメデタさですよね。

百田　もし日本の近代の売国奴を何人か挙げるとすると幣原はトップクラス。

有本　幣原はトップですね。憲法九条は自分がマッカーサーに進言したとも言っています。

百田　よく平気でそんな嘘をつくよなあ。

有本　幣原を許せないと感じるのは、まずそれが嘘であるということ。もう一つは、当時、自分が首相であったにもかかわらず、日本人が自衛する権利まで奪ってさしだすつもりだったのですかということです。

百田　さらに幣原の悪口を一つ言うと、ＧＨＱは華族制度を廃止しましたね。そのとき幣原は自分が男爵なものだから、二代目、三代目は駄目だとしても、いま華族の人は死ぬまで華族でいられることにしてくれないかと粘ったんですよ。

有本　自分だけは爵位がほしいということでしょうか。

百田　いま特権を持っている人はいいじゃないかと言ってね。どこまでもクズみたいなやつですわ。

「犬のお伊勢参り」は日本文化の象徴

百田　『日本国紀』には、けっこうユーモラスな話も出てくるんですよね。ふつうの歴史の本ではまず出てこないようなエピソードをちりばめています。しかし、そのエピソードは単におもしろいだけではなくて、エピソードそのものが私たち日本人を象徴する話でもあったりするのですよ。

たとえば「犬のお伊勢参り」。こういうものはふつうに扱うと、歴史小話、裏話みたいになってしまうんです。でも私はそんなレベルの話じゃないと思っています。

有本　日本人とやっぱり日本そのものを物語る逸話ですよね。

百田　日本の文化、あるいは日本人の考え方、当時の社会制度も含めて、この「犬のお伊勢参り」はすべてを象徴している。まさに日本でしかあり得ないなというものです。

簡単に言うと、日本は江戸時代に街道整備が完璧に行われていました。たとえばイギリスは一八〇〇年代の初めごろでも、ロンドンから少し離れた郊外の町にも女性一人では行けないくらい非常に治安が悪かったのです。ヨーロッパはみんなそのようなものだった。でも、日本は一七〇〇年代にすでに京都から江戸まで（約五〇〇キロ）女性が一人旅をできたのです。街道には宿場町ができて旅籠《はたご》も整い、移動には駕籠も馬もあったんですね。

有本　治安がよくてインフラが整っていた、と。

百田　そう。気軽に旅をできる環境が整っていたのです。そうして街道が整備されてから流行ったのが「お伊勢参り」です。とにかく一生に一度はお伊勢参りをするといって、みんなお伊勢参りをした。お伊勢参りするといったら関所もどんどん通してくれます。

　ところがお伊勢参りに行こうと働いて働いて、いざ行こうとなったら年を取ってしまって足腰たたなくなったり、病気で行けなくなったりする人がいるわけです。いまさら江戸からお伊勢さんまで行けない、と。そういう人はどうしたか。自分の飼い犬をお伊勢参りに行かせたんですよ。犬の首にお参りに持って行く巻物とかお供え物をぶら下げて。

有本　路銀もね。

これぞ日本人

百田　そう路銀も、自分の家の住所を書いた札も犬の首にぶら下げて、犬をお伊勢参りに行かせたわけです。犬はとことこお伊勢さんに向かう。すると道中、お伊勢参りに行く人たちが「お前も行くのか、おいでおいで」と犬を連れて行ってくれるんです。旅籠の人も「偉いね、この犬、お伊勢参りするんやね」と言って、首にぶら下げているお金を旅籠の人がちょっと取ってそれでエサをやる。そしてお伊勢さんに行っておいで、と。さらに親切な人がいて「この犬、偉いねえ」と言って「私のお金を入れてあげる」と犬の首の袋にお金を入れるんです。

有本　出発したときよりお金が増えているんですよね。

百田　しばらく行くと犬の首がお金で重くなってしまって、歩けないんですよ。すると「この犬、かわいそう。銀に替えてあげましょう」とわざわざ軽い銀に両替してくれる人もいたのです。

犬は最終的にお伊勢さんに行きます。すると今度はそこにいる人が首についている住所を見ながら、連れて帰ってくれるんですよ。これが記録にいくらでもある。

有本　幕末には相当あったようですね。

百田　戻ってきた犬はたいてい丸々太っていたそうです。どれだけ親切に扱われたかということですよね。なかには、豚のお伊勢参りもあったんです。これは「さすがに珍しい」と書いてありますけれども。

これはふつうに考えれば笑い話だけど、私はこの犬のお伊勢参りを知ったとき「これが日本人だ！」と思いましたね。日本でしかあり得ない話です。

有本　そうなんですよ。世相もわかりますしね。

百田　そう。当時の日本はこんな国だったのかと。動物さえ大事にする当時の人々のやさしさがわかります。西洋では動物は食べるものだったり使役するもの、道具なんですよ。ところが日本では、犬は仲間で、家族同様なのです。

これが日本近隣の某国なら、犬は次の日に食われる。

有本　そう。身ぐるみ剥がされてね。犬は当然食べられていると思いますよ。

百田　犬をお伊勢参りさせる、みんながそれを助ける。こういう国は、世界中を探してもないですよ。

第5章

日本人はなぜ歴史に学べないのか

『日本国紀』の隠しテーマ

百田　『日本国紀』を書くきっかけとなったのは、ケント・ギルバートさんとの対談ですが、執筆動機の一つには、あまりにも現代の中高生に教えている歴史がひどいということがありました。

なかでも朝鮮半島に関する歴史教科書の記述は本当にひどい。読んでいると「これは韓国の教科書？」と思われるようなものがあります。

有本　私は編集者として『日本国紀』を世に出すお手伝いをしましたが、『日本国紀』にはいくつか「隠しテーマ」があり、その中の一つが日韓関係ですね。

百田　そうです。他の隠しテーマをバラしておくと、一つは「平和ボケ」。

有本　日本の歴史を通して見ると、実は何度も平和ボケをしているということですね。この事実を読者に知らせたいというのが「隠しテーマ」の一つ目です。日本は大東亜戦争に負けて武装解除され、アメリカ軍の占領を経て、日本国憲法によって自衛する力を失ってしまったから平和ボケなのだと思っている人が多いでしょうが、そうでもない。通史を見ていくと、日本人はどうも平和ボケしやすいところがあるから気をつけなければいけない、と思わされます。

百田　これまでも話してきましたが、日本は歴史上で何度も平和ボケの時期を迎えています。
　そして二つ目の隠しテーマは「経済」。教科書では偉人として扱われている新井白石以外に、荻原重秀《おぎわらしげひで》を取り上げたりしています。

有本　はい。たとえば大学受験生が必ず使っていると言ってもいい『詳説日本史　改訂版』（山川出版社）でも、荻原重秀の評価は高くありません。なんと書かれているか。

〈勘定吟味役《かんじょうぎんみやく》（のちに勘定奉行《ぶぎょう》）の荻原重秀（おぎわらしげひで・1658〜1713）は、収入増の方策として貨幣の改鋳《かいちゅう》を上申《じょうしん》し、〈編集註／徳川〉綱吉はこれを採用した。改鋳で幕府は金の含有率《がんゆうりつ》を減らし、質の劣った小判《こばん》の発行を増加して多大な収益を上げたが、貨幣価値の下落は物価の騰貴《とうき》を引きおこし、人びとの生活を圧迫した〉〈編集註／カンマを読点に変更し、上下ルビを括弧内におさめた〉。

　では、日本最大の国語辞典である『日本国語大辞典』（小学館）には荻原重秀についてなんと書かれているか。〈江戸中期の幕府勘定奉行。通称彦四郎。五代将軍綱吉に登用され、貨幣改鋳を行なう。のち、私利をむさぼった責任を新井白石に弾劾されて失脚〉と書かれています。でも私たちは、新井白石が出てきたことによって、荻原重秀はその功績を消されてしまったのではないかと考えています。

百田　そう。荻原重秀について私は、ケインズより二〇〇年も早く現代のマクロ経済政策を取り入れたとして高く評価して書きました。彼は貨幣改鋳による金融緩和政策をとったのですからね。すごいですよ。

有本　『日本国紀』では、そのように従来の歴史教育の中ではあまり評価されてこなかった経済政策を再評価しようと試みています。

百田　そして三つ目の隠しテーマが、「日韓関係とは何なのか」ですね。

　実はこれは非常に重要なポイントです。そこで、まず日韓関係の歴史について、それがいまどんなにひどく塗り替えられているかを語っていきたいと思います。

有本　日本の歴史を見ていくと、常に朝鮮半島とその背後の中国に翻弄されてきたと言えます。古代までさかのぼれば、六六三年に「白村江《はくすきのえ》の戦い」がありましたね。日本・百済と唐・新羅による戦いですが、このとき日本は死力を尽くしているわけです。唐・新羅に侵略された百済を助けるために日本は朝鮮半島まで助けにいき、大変な目に遭いました。その後は元寇、蒙古襲来。

百田　「文永の役」（文永一一年、一二七四年）と「弘安の役」（弘安四年、一二八一年）ですね。「中国」の地も支配したモンゴル民族による大帝国、元が高麗（朝鮮の王朝）の軍を使って、日本を服属させようと攻めてきたわけです。

有本　そして日清戦争は清の属国であった李氏朝鮮の近代化を日本が望んだことから巻き込まれていますし、日露戦争もロシアの南下に伴って、当時は大韓帝国ですが、朝鮮半島が火種になっています。その後は日韓併合があり、いまに至るというわけで、朝鮮に関わって日本はろくな目に遭っていないのです。

韓国を助けるとろくなことにならない

百田　韓国に手を差し伸べると、すべて失敗ですね。日韓併合でも日本は、京城帝国大学を大阪帝国大学より先につくったりして非常に韓国に尽くしたつもりですが、感謝されるどころか恨まれているわけです。

日韓併合は確かに非常に難しい問題で、韓国が怒る理由もあります。その理由を一言で言うと、日本が頼まれもしないのに、よかれと思っていろいろやってしまったことなんですよ。韓国からすれば、ありがた迷惑なことをしてしまったのです。だから韓国は日本に対してこう怒ればいいんですよ。「頼みもせんのに、たくさん学校をつくりやがって」「頼みもせんのに、ハングルを普及させやがって」「頼みもせんのに、人口を倍にしやがって」「頼みもせんのに、鉄道をたくさん敷きやがって」「頼みもせんのに、水力発電所をつくりやがって」とね。韓国は本当のことをこう言えばいいのです（笑）。

そうしたら、日本も「すまんかった。よかれと思って勘違いしてやってしまった」と謝ります。これは『今こそ、韓国に謝ろう』（飛鳥新社）に書いたけれども。

有本　戦後に至っても、昭和四〇（一九六五）年の日韓基本条約に基づく日韓請求権協定で、日本は無償三億ドル、有償二億ドルという莫大な経済協力金を支払い、韓国は日本に対する一切の請求権を放棄しましたよね。これも結局、「漢江《はんがん》の奇跡」という韓国経済の急成長を助けることになりましたが、すると案の定、いま「徴用工」問題が起こっています。

百田　恩を仇で返すを地でいっているから、日本人は本当に怒っています。

有本　いま見てきたように、日韓関係は古代から一貫した原則があるのです。それは「韓国を助けるとろくなことにならない」ということです。問題はなぜ、日本はこの歴史に学ばないのかということです。

百田　まさしくそう。それは近代に限りません。今回、『日本国紀』を書くにあたり、日本史を勉強し直して、古代からずっとそうあったのだと、つくづく思いましたね。歴史に学べば、「韓国と関わってはいけない」が正解ですからね。

有本　そうなのですよ。でも、いまの中学や高校の歴史教育では、日韓の関わりについて非常に偏向した内容が教えられています。史実よりも「朝鮮半島に対して常に日本は加害者である」というイメージのための歴史教育がなされているのです。

百田　その通りです。

有本　いま日韓で悪い意味でホットな問題になっているのは、慰安婦や、いわゆる「徴用工」の問題です。これはまさに、いまの歴史教科書が象徴しているような、戦後、特に一九八〇年代以降の歴史教育のゆがみが、悪い方向に作用してきたことに問題の根幹があります。

自虐史観と反日教育のなかで

百田　日本の自虐史観と言われるものですね。

有本　そうですね。韓国においてはその対照となる、九〇年代以降に特にゆがんだ反日教育がありました。拓殖大学教授の呉善花さんは一九六三年から一九七九年の朴正煕政権でも反日教育はあったとおっしゃっていますが、「その後、全斗煥政権も反日教育を強化した。とりわけ反日色が強まったのは一九九三年〜一九九八年の金泳三政権からです」（『赤い韓国』櫻井よしこ、呉善花著、産経新聞出版）と指摘しています。

百田　韓国の反日教育はすごいものがありますね。呉さんは、私の番組に来られた際、「反日教育は、初代大統領の李承晩のときから一貫して行われてきた」ともおっしゃっていました。要するに、「反日」は建国以来の国是なんですね。

有本　「反日」でしか、国民を統合できないということのようですね。

朴正煕時代も韓国に反日教育があったというのは、私も同年代の韓国人から聞いていました。私が最初に韓国へ行ったのは一九八七年ですが、当時は、見目麗しい通訳の女性が、「北朝鮮が攻めてきたら、この広い道路の中央分離帯は取り払われて、軍用機の滑走路として使うのですよ」などと涼しい顔で言うような時代でした。当時の韓国にとっての第一の敵は北朝鮮だと、国民皆が認識していたのですね。歴代大統領は皆軍人ですから、〝勇ましい韓国〟でもありました。

ですから、日本との関係も、好き嫌いは別にして、「反共」というところで共闘しなければならないという認識がありましたし、産業的にも多くの業種が日本からの下請け仕事をしていたため、共存関係の認識があった。だから、あのころのほうが韓国はまともだったと言えるのですが、それは戦前の日本統治時代を知っている世代がまだお元気だったという事情も大きかったと思います。そういう人がいなくなって、どんどんおかしくなっていった。これは日本も同じです。

百田　戦前生まれの人たちが減ったころに慰安婦問題が出現した、と。

有本　一九八〇年代に朝日新聞が「慰安婦の強制連行」という吉田清治証言記事を書いたときは、日本人の多くがまだこれほど大きな長い問題になるとは思っていなかったと思います（編集註／朝日新聞は三二年後に吉田証言を虚偽と認め記事を取り消した）。当時は、多くの人が、まさかそんなことがあるわけがない、と思っていたでしょうし、戦前を知る世代は、吉田のような、「話を盛る人」というか、戦後になって作り話をする人を他にも見てきていましたしね。半信半疑というか、信じ込まない空気がまだあったわけです。ところが、九〇年代になってから朝日新聞の記者だった植村隆氏が次のような記事を書いた。このインパクトは非常に大きかったと思います。

〈日中戦争や第2次大戦の際、「女子挺身（ていしん）隊」の名で戦場に連行され、日本軍人相手に売春行為を強いられた「朝鮮人従軍慰安婦」のうち、１人がソウル市内に生存していることがわかり……〉（朝日新聞、一九九一年八月一一日。編集註／現在朝日新聞は「この女性が挺身隊の名で戦場に連行された事実はありません」と断りをつけている）

ちなみに植村隆氏は記事を「捏造」と書かれ名誉を傷つけられたと、櫻井よしこさんと原稿を掲載した出版社三社に損害賠償や謝罪広告掲載を求める訴訟を起こしました。しかし、平成三〇（二〇一八）年一一月九日に札幌地裁は「櫻井氏が、植村氏が事実と異なる記事を執筆したと信じたのには相当な理由がある」として請求を棄却しています。

結局、慰安婦問題をはじめとするいわゆる「歴史問題」というのは、実際にその「歴史」の時代を生きた人々ではなく、つまり実在した被害者・加害者によってではなく、その後の「戦争を知らない子どもたち世代」によって捻じ曲げられ、作られ、徹底的に政治利用され、厄介なことになっていったのですね。

しかも、すべての「歴史問題」が日本発であって、韓国発ではない。このことは中国との間の問題でも同じ構図です。

韓国の約束破りは続く

百田　その慰安婦問題で、最近、韓国がまた約束を破りましたね。

有本　平成三〇（二〇一八）年一一月二一日、韓国が「和解・癒やし財団」の解散を発表しました。「和解・癒やし財団」とは平成二七年一二月の慰安婦問題に関する日韓合意に基づき設立されたものです。

日韓合意は慰安婦問題について「最終的かつ不可逆的に解決されることを確認」したものですよ。このために韓国政府が財団を設立し、これに日本政府は一〇億円を一括で拠出するとして、実際、日本政府はそれを実行したわけです。

百田　にもかかわらず、韓国は一方的にその約束を破った。ふつうの日本人でも「韓国は信用できない」と怒っていますよ。

有本　安倍晋三総理も「日韓合意は最終的かつ不可逆的な解決だ。国際約束が守られないのであれば国と国の関係が成り立たなくなってしまう。韓国には国際社会の一員として責任ある対応を望みたい」と述べました。河野太郎外相も「日韓合意に照らして問題であり、到底受け入れられない」としています。

百田　当然です。あり得ないですよ。

有本　平成三〇年一〇月三〇日には「旧朝鮮半島出身労働者」による訴訟で、韓国の最高裁が新日鉄住金に賠償を命じる判決を確定しましたね。

百田　安倍総理が「本件は一九六五（昭和四〇）年の日韓請求権協定で完全かつ最終的に解決している。今般の判決は国際法に照らしてあり得ない判断だ。日本政府としては毅然と対応する」と述べました。

有本　これもあり得ないことですよね。しかも、韓国や日本のメディアは「徴用工」と書いていますが、安倍総理が衆院予算委員会で説明されていたように、この原告四人は「募集」に応じて日本で働いた人たちですので、「徴用工」ではありません。「旧朝鮮半島出身労働者」なのですよ。当時、朝鮮の人は時期によって募集、官斡旋、徴用の三つのパターンで日本に働きにきていたわけですが、徴用は昭和一九（一九四四）年九月からです。それ以外は「徴用工」ではありません。

百田　あり得ないことだらけで感覚が麻痺してきます。

有本　あり得ないことはまだまだありまして（笑）、日韓合意の約束破りを各紙が報じた同じ紙面に掲載されていますが、一一月二〇日夜に日本の排他的経済水域（ＥＥＺ）内の日本海「大和堆」周辺で操業していた日本のいか釣り漁船に、なんと韓国海洋警察庁警備艦から操業中止と海域移動を求める無線交信が行われたのです。海上保安庁がそれを確認して、韓国警備艦に「日韓漁業協定上、要求は受け入れられない」と無線で通知し、日本漁船を保護したということです。日本は外交ルートで韓国に抗議しました。

そもそもこの現場は、日本のEEZ、日本が管理する海域です。「排他的」というのはそういう意味で、本来は、日本以外の船は魚を取るような活動はできないのです。しかし、このあたりは良い漁場だからということで、日韓両国の漁船が操業できるようにと、日韓漁業協定を結んで、両国の漁船が操業できるようにしたのです。協定では、両国当局はそれぞれ、自国の船がルールを守るよう監視にあたることになっています。それを、韓国の警備艦が、こともあろうに日本の船を取り締まろうなどというのは論外、大問題です。

しかし、このニュースは、全国紙の小さなベタ記事でしか伝えられませんでした。そうした日本側の官民の対応が韓国側をますます増長させるのでしょうけど。

百田　「BTS（防弾少年団）」という韓国の音楽グループが、原爆のきのこ雲や万歳する人々の姿をプリントしたTシャツを着ていた問題もありましたね。テレビ朝日系の音楽番組『ミュージックステーション』に出演予定だったのが取りやめになったという形で大きく報道されましたが、このグループにまつわる話としては作詞家の秋元康氏による楽曲提供が「秋元氏は右翼的だ」とのファンの反発で中止されたというものもあります。

有本　ほかにも、前に話した韓国が国際観艦式で自衛艦旗である「旭日旗」を掲げるなと言ってきた問題もありました。日本は観艦式出席をとりやめましたが。

私はもともとはわりあいと親韓的な人間でしたし、朝鮮半島の地理上の位置を鑑みても、韓国との連携はそれなりに重要だと考えていたのですが、このところの一連の状況を見て、もはや、嫌韓を超えて、日本は「離韓」するしかないと、新聞のコラムにはっきり書きました。いま、韓国に対しては日本人のほとんどが怒っているでしょう。

韓国を甘やかしてきた日本

百田　これだけの無法を韓国が日本に行なうのは舐められているからですよ。日本の態度、日本人の態度はこれまであまりにも甘かったと思います。現在の「日韓問題」

の半分は、日本人が韓国を甘やかしてきた側面もあると私は思っています。

有本 いまに至っても日本共産党の志位和夫委員長はツイッターでこう書いていましたからね。

〈徴用工問題をめぐって、いろいろな議論が起こっていますが、本当の愛国者とは、自らの国の過去の過ちに正面から向き合い、その教訓を未来に生かす者だということが、私の信念です〉（二〇一八年一一月一三日）

百田 「何をいうてんのや！」と。そんなこと言うなら、共産党の過去の数々の犯罪的行為や過ちをまず志位さん自ら表明してほしいですよ。

有本 韓国による日韓合意破りの問題でもあいかわらず朝日新聞は誰目線なのか、という社説なんですよ。一一月二二日の社説は各紙、日韓合意破りについて書いていて、次のようなものです。

産経　慰安婦財団の解散　約束破る国と付き合えぬ
読売　慰安婦財団解散　合意の一方的放棄は許されぬ
日経　韓国は「外交」を軽視するな
毎日　慰安婦財団の解散発表　極めて残念な韓国の対応

朝日　慰安婦合意　なし崩しは賢慮欠く

百田　朝日は「賢慮欠く」ってどういう神経なんですかね。「賢慮」というのは『日本国語大辞典』によれば〈1、賢明な考え。2、相手、他人を敬って、その意見、思慮をいう語。お考え。おぼしめし〉ということらしい（笑）。

有本　進言しているということなんじゃないですか？　朝日の社説にはこうあります。〈文在寅（ムンジェイン）政権は、その意味を見失っているのではないか。合意は破棄しないというが、なし崩しに「枯死」させるのは、賢慮に欠けると言うほかない〉

そして次のように書いているんですね。

〈一方、日本政府も不都合な歴史に背を向けてはならない。慰安婦問題に関する資料を役所で塩漬け状態にするといった、真相究明に消極的な動きが過去にあったことは反省すべきだ〉（共に朝日新聞二〇一八年一一月二二日）

毎日は基本的には韓国に非常に怒って見せているのですが、こうも書いています。〈韓国では最高裁が先月、韓国の元徴用工に日本企業が賠償するよう命じた。歴史問題において「被害者」の韓国は「加害者」の日本にどのような要求をしても構わないという考えがあるのではないか。

一方、日本側にもデリケートな合意を扱ううえでの慎重さが欠けていた。安倍首相が国会で、元慰安婦におわびの手紙を送るつもりはあるかと問われ、「毛頭考えていない」と強く否定したため、韓国側から無用の反発を招いた。

日韓双方で相手国を理解する政治指導者が減っている。だからこそ、互いに歴史認識に関わる対立を先鋭化させない努力が必要だろう〉（毎日新聞二〇一八年一一月二二日）

百田　毎日新聞は、どうも日本に何かひとこと言っておかないと気が済まないと、そういうことですね。

有本　そうです（笑）。日本が加害者で韓国は被害者だから、韓国に非があっても日本は自重しろという「空気」があるのでしょう。このような日本の「空気」はどのようにつくられているかというと、やはりそれは先に述べたように歴史教育にあると言えます。

いまどのような歴史教育が行われているか、具体的に見ていきたいと思います。

第6章　「負の歴史」を強調する教科書

「朝鮮王宮を占領して、清との開戦へ」

百田　この中学生の歴史教科書『ともに学ぶ人間の歴史』（学び舎）は驚くべき記述に満ちあふれていますね。そもそも日本の歴史じゃなくて「人間の歴史」だし。

有本　数ある歴史教科書のなかでも、この学び舎の教科書は記述も成り立ちも、きわめて特異なものです。「子どもと学ぶ歴史教科書の会」が母体となってつくられているのですが、その会の趣意書にはこう書かれています。

〈歴史の教科書は、子どもがそれをどう学ぶのか、子どもが学ぼうとする筋道を想定したものなのかが問われているのです。確かに教師は発展の筋道—歴史の流れへ目を向けたいのですが、子どもの側は、それ以前のところ—歴史事実の具体的な場面で立ち止まり、何らかの問いを発しようとしているはずです。

だとすれば、まず教科書は、子どもからそのような問いが発せられるような歴史事実を描くものであるべきでしょう〉

この文章は実にトリッキーです。「子ども目線」を大事にしているように言いながら、一方で、歴史の流れよりも歴史事実を重視し、歴史事実の具体的場面、この場面は執筆者が勝手に選ぶわけですが、その場面で子どもたちが立ち止まるように描いているというのです。一見もっともらしいのですが、これがむしろとんでもない。
百田　相当に偏向していますね。朝鮮・韓国についての記述が異様に多く、任那《みまな》日本府は当然書かれていない。韓国目線で書かれた教科書という印象を受けます。
有本　歴史の流れよりも歴史事実を重視したと学び舎は言いますが、その問題点と、私の目から見たら好ましくない特徴が顕著で、驚くべき記述があるのは、〈(1)日本と清が、朝鮮で　―日清戦争―〉（第8章）とタイトルをつけられた次のくだりです。
百田　ページタイトルから驚きますけど。
有本　そうですよね。タイトルは物語調なんですが、内容は歴史の因果関係を無視したものとなっています。冒頭はこう書かれています。
〈▼朝鮮王宮を占領《せんりょう》して、清《しん》との開戦へ
　1894年7月23日の夜明け前、日本軍は、朝鮮王宮の門を破壊《はかい》して突入《とつにゅう》し、占領しました。ここで国王らを監禁《かんきん》した日本軍は、清に従《したが》ってきた朝鮮政府を倒《たお》し、日本の言うことをきく政府をつくりました。この新しい政府は、すぐに、清と縁《えん》を切ると宣言し、朝鮮にいた清の軍隊を追い払《はら》ってほしいと日本軍に頼《たの》みました。
　当時、朝鮮には日清両国の軍隊が出兵していました。朝鮮南部で起こった農民蜂起《のうみんほうき》

第８章（１）日本と清が、朝鮮で（『ともに学ぶ人間の歴史』より）

をおさえるため、朝鮮政府が清に出兵を求め、以前から清との戦争を準備していた日本も、朝鮮に出兵したからです〉（編集註／教科書は読点がカンマだが本書では以降もすべて読点とする）

百田　いきなり、何を書いているのか、という感じです。どうしたらこんな書き方ができるのか神経を疑います。

有本　ここに至るいきさつが何も書かれていませんからね。この前の章はまったく別のテーマですから、いきなり「日本軍は、朝鮮王宮の門を破壊して突入し、占領しました」です。これを読んだ子供たちは、日本がいきなり奇襲をかけて、王宮に侵入し破壊したことが、日清戦争のきっかけ、理由だと思ってしまうはずです。

百田　ちょ、ちょ、ちょっと待ってと。当時の朝鮮半島がいかにあやふやな政治状況だったかが書かれていない。この教科書を読むと、まるで極悪の日本軍が突然に理由もなく踏み込んだように読めますよ。

有本　『日本国紀』ではこう書いていますね。

〈日清戦争は明治二七年（一八九四）に起こるが、これは突如勃発した戦争ではない〉とし、続けて背景をきちんと書いています。

〈維新以降、必死に近代化に邁進《まいしん》していた日本だったが、その間も対外的な危機が去ったわけではなかった。十九世紀の国際社会はいまだ弱肉強食の世界であった。アフリカ、南アメリカ、中東、インド、東南アジアと、地球上のほとんどを植民地とした欧米列強は、最後のフロンティアとして中国大陸に狙いを定めていた〉

百田　その後、重要なのはロシアが南下政策をとったことなので、それについて書いてありますね。

有本　はい。〈西ヨーロッパの国々に出遅れていたロシアが南下政策をとり、満州から朝鮮半島、そして日本を虎視眈々と狙っていたからだ〉

こうきちんと書いてあります。

壬午事変も天津条約もすっ飛ばし

百田　これが日清戦争のときの国際情勢、日本が置かれた状況です。私はそれをまず書いています。日清戦争というのは実に複雑な経緯で始まった戦争なのです。当時の国際関係や東アジアの状況、さらに朝鮮政府の実態や、近代化を目指す勢力の努力など、すべてを把握しないと理解ができません。

有本　その状況があっての朝鮮問題なのですよね。

百田　日本は安全保障上、防波堤として朝鮮の近代化を望んだのです。朝鮮が近代化して富国強兵に成功すれば、ロシアの南下を防ぐことができますからね。日本が李氏朝鮮を開国させたいちばんの理由はそれだったのです。

しかし朝鮮は清の属国であり、国家としての体をなしていなかった。明治一五（一八八二）年に改革に反対する保守派が大規模な暴動を起こして日本公使館を襲い、日本人軍事顧問や公使館員を殺害しました。これを「壬午《じんご》事変」と言います。まず、この「壬午事変」が重要なのです。

そしてその後、明治一七（一八八四）年、朝鮮改革派のクーデターが起こりましたが、清軍に鎮圧されます。これが「甲申事変」です。このときに日本と清の緊張が高まったため「天津条約」を結ぶことになりました。この「天津条約」を忘れてはいけないでしょう。

有本　天津条約は明治一八（一八八五）年、天津で全権大使の伊藤博文と李鴻章《りこうしょう》によって結ばれた日清の条約ですが、その内容は、朝鮮からの両国の撤兵、また、将来出兵する際には相互に事前通知することなどを定めています。

百田 この天津条約があったにもかかわらず、先に清が朝鮮に出兵したのですよ。明治二七(一八九四)年、「東学党の乱」という朝鮮の農民の大規模反乱があり、その鎮圧のために朝鮮政府が清に派兵を要請、清が出兵しました。だから日本も天津条約に基づいて出兵したということなのです。

有本 そうですよ。これがあって日本は派兵したのです。

百田 そして明治二七年七月二五日に日本と清の両国がとうとう軍事衝突し、八月一日に両国が同時に宣戦布告しました。この戦争に日本は勝ち、明治二八(一八九五)年「下関条約」が結ばれたのです。「下関条約」の第一条は、清は朝鮮の独立を確認するというものです。つまり日本が日清戦争に勝ってはじめて、朝鮮は清から独立した。朝鮮を独立させることが日本の目的だったのですよ。

清の属国から解放され、数百年ぶりに独立したときに建てられたのが、いまもソウルにある「独立門」です。現代の韓国人の多くが、この門は第二次世界大戦後に建てられたものと勘違いしているようですが。

有本 この教科書はその因果関係をまったく無視しています。歴史の流れより事実が重要と言いますが、流れがなければ事実は偏向して伝わりますよ。

百田　そういうことですね。重要なのは李氏朝鮮は末期症状だったということです。はっきり言えば、国家としての体をなしていませんでした。当時の李氏朝鮮には、王である高宗《こうそう》の妃、閔妃《みんぴ》の勢力と、親日の改革派勢力があり、内部が不安定だったわけです。閔妃は清を引き入れ、日本は高宗の父である大院君を立てたということです。そのようなことを全部すっとばして、この記述はないと思います。

有本　学び舎の教科書では、日本がある日突然、朝鮮王宮を襲って戦争が始まったというふうに書かれていますが、とんでもない話です。これでは日清戦争の意味がわかりません。

百田　この記述では、日本だけが悪者の侵略者で、朝鮮はもちろんですが、清も善良な被害者のように誤解してしまいます。

なぜか讃えられる倭寇の青年

有本　〈(10) 境界に生きる人びと　─14世紀の東アジア─〉（第3章）という項目には、「倭寇《わこう》とよばれた人たち」というのもありますね。ここには次のように書かれています。

〈1380年7月、朝鮮西岸の錦江（クムガン・きんこう）河口《かこう》に、武装《ぶそう》した一隊があらわれ、川をさかのぼって村々をおそいました。家を焼き、米や財産《ざいさん》をうばい、人を連れ去りました。８月には内陸にも侵入《しんにゅう》し、これを防ごうとした高麗（コリョ・こうらい）の将軍《しょうぐん》を戦死させました。高麗《コリョ》や明《みん》では、このような人びとを、倭寇とよんでおそれました。

９月にも、倭寇が錦江上流《クムガンじょうりゅう》の山城《やまじろ》を攻《せ》めました。このなかで目立った働きをしたのは、阿只抜都《アキバツ》という15～16歳《さい》の青年でした。阿只抜都《アキバツ》は、敵が戦うのをさけたほど、勇敢《ゆうかん》でしたが、高麗《コリョ》の武将・李成桂（イソンゲ・りせいけい）の強い弓によって倒《たお》されました。この青年は済州島（チェジュド・さいしゅうとう）の生まれだともいわれています。東シナ海では、さまざまな出身の人びとが、海を生活の場として、活動していました〉（前掲教科書。編集註／教科書は横書きで、ルビが上下についているものは上を先にして括弧内におさめた）

百田　倭寇がものすごく残酷なものとしてボロクソに書いてありますが、不思議なのは、アキバツという一五、一六歳の青年がすごい働きをした、勇敢な男だとわざわざ書いてあることです。これを素直に読むと、この青年は倭寇の一人でしょう？　〝残酷〟である倭寇の一人をなぜこんなに持ち上げるかというと、このアキバツは済州島の生まれだという。もう何を伝えたいのか、意味がわからない（笑）。

有本　どこの国の人だったのかもわからない人のようですよ。ただし、朝鮮の史書には名前が出てきているということらしいです。

百田　なぜそんな不確かな人物を日本の教科書に載せる必要があるの？

有本　本当にねえ。わざわざよくわからない人物を取り上げて、何を教えようとしているのでしょうか。

その「倭寇とよばれた人たち」のすぐ下には「朝鮮王朝《チョソンおうちょう》の成立」という見出しがあります。

〈14世紀の後半は、倭寇がもっともさかんな時期でした。南北朝《なんぼくちょう》の内乱《ないらん》の影響もあって、有力な領主《りょうしゅ》や悪党《あくとう》なども人さらいや略奪《りゃくだつ》をおこないました。このころ、倭寇の日本での主な根拠地《こんきょち》は、九州の島々でした。

朝鮮・中国は日本に、倭寇の取りしまりを要求しましたが、九州地方には、まだ室《むろ》町幕府《まちばくふ》に従《したが》わない勢力《せいりょく》がありました。

李成桂《イソンゲ》は、倭寇の制圧に功績《こうせき》をあげ、1392年、朝鮮（チョソン・ちょうせん）王《おう》朝《ちょう》を開きました。李成桂《イソンゲ》は、倭寇の根拠地だった対馬《つしま》に攻め入りました。また、降参《こうさん》して従った倭寇には、土地や官職《かんしょく》をあたえて、略奪をやめさせました。朝鮮王朝《チョソンおうちょう》は、儒教《じゅきょう》を重視《じゅうし》して国づくりをすすめ、都《みやこ》から役人を派遣《はけん》して政治をおこなわせました。厳《きび》しい身分制度《みぶんせいど》もとり入れました〉（前掲教科書）

「ハングル」をわざわざアピール

百田　わざわざ朝鮮を「チョソン」と読ませる必要はあるの？　日本の教科書ですよ。そしてまるで李成桂が倭寇を鎮めたように書かれていますが、後期の倭寇は日本人ではないんですよ。前期は日本人でしたが、後期の倭寇は日本人ではなく、主体は中国人になります。そして倭寇が姿を消した理由は、明の海防の強化と、後に日本国内を統一した豊臣秀吉の海賊禁止令によります。

有本　これ、単に「対馬に攻め入りました」を書きたかったんじゃないの？　という気もしますねえ。

百田　同じページに〈朝鮮の文字・ハングルがつくられる〉というコラムのようなものがあるけど、これも間違っていますね。

〈15世紀半ば、朝鮮では独自《どくじ》の文字をつくる努力が重ねられた。国王の世宗（セジョン・せそう）は、『訓民正音（フンミンジョンウム・くんみんせいおん）（民を教える正しい音という意味）』をまとめさせた。ここに書かれた文字が、現在のハングルのもとになった。

公式の文字は漢字であり、ハングルはいやしいものとされたが、民衆《みんしゅう》の間に広まっていった。（後略）〉（前掲教科書）

ハングルは民衆の間でもまったく広まっていなかったのですよ。世宗がこの文字を広めようとしたときに、「漢字こそが文字であり、民族固有の文字などあり得ない」と保守派がハングルを馬鹿にしたので、仕方なく「これは文字ではない。発音記号だ」と誤魔化してつくったというのが本当のところです。

そもそも朝鮮は長い間、清の属国だったので、公文書の類《たぐい》は漢文が使われていました。だから、古代の朝鮮語がどのようなものであったかも、よくわかっていないのです。

日本人がハングルを普及させるまでは、ほとんど広まっていなかったのですよ。日本が韓国を併合した当時、文字を読める人が人口の一〇％以下だったのですからね。そこで日本は韓国の子供たちに文字を教えなければいけないと考えました。文字こそが教育の基本だからです。だから日本は、韓国の官僚である両班《ヤンバン》たちが「劣等文字」「下賤の者が使う文字」だと馬鹿にしてきたハングルを小学校の必修科目にして韓国の子供たちに習得させたのです。最初のハングルの教科書は東京で印刷されましたしね。

有本　そうした事実を曲げてまでこんなことを書く必要がどこにあるのでしょうか。

恫喝外交が通交希望に

百田　元寇の話もひどい書きぶりですね。〈(8)一つにつながるユーラシア　―モンゴル帝国―〉（第３章）という項目を立てているページには、「モンゴル帝国と東アジア」という見出しがあり、次のように書かれています。

〈朝貢《ちょうこう》を求めるモンゴル帝国の要求を、高麗（コリョ・こうらい）は何回も拒《こば》んでいました。１２３２年には、高麗《コリョ》は、都を開城（ケソン・かいじょう）から江華島（カンファド・こうかとう）にうつして抵抗《ていこう》しました。40年以上の戦いののち、元の支配下に入りました。高麗《コリョ》の皇太子《こうたいし》が元の王女と結婚《けっこん》するなど、両国の関係も深まりました。

高麗《コリョ》を支配下においたのち、元のクビライ＝カンは、日本に使いを送って通交を求めました。朝廷《ちょうてい》・幕府からの返事がなかったこともあって、1274年、元はおよそ3万の兵力で対馬《つしま》・壱岐《いき》（長崎県）をおそい、九州北部の博多湾《はかたわん》（福岡県）に攻《せ》め入ったあと、引きあげました。

元は、南宋《なんそう》を滅《ほろ》ぼしたあと、1281年、ふたたび日本を侵略《しんりゃく》しようと、およそ15万の兵力を送りました。一方、幕府は、御家人《ごけにん》やそのほかの武士も動員して警備《けいび》にあたらせ、上陸が予想された博多湾一帯には防塁《ぼうるい》を築《きず》きました。そのため、元軍は上陸できませんでした。さらに、暴風雨によって、たくさんの船が沈《しず》み、元軍は引きあげました。

これらの戦争にもかかわらず、幕府は交易船を元に派遣《はけん》し、クビライ＝カンも交易を許可しています〉（前掲教科書）

これ、「朝廷・幕府からの返事がなかったこともあって」とはどういうこと？　返事をしない日本が悪いというような書き方ですね。返事をしなかったから襲ったと、そう言いたいの？

有本　元が服属せよと言ってきたことについては「通交を求めました」ですから。

百田　「ちゃうやろ！」と言いたい。元が恫喝して、臣下になれという無礼千万な国書を送ってきたのです。「通交を求めました」というような穏やかなものとは全然違う。
有本　つまり向こう側の視点なのです。
百田　このときの元からの国書は武力制圧をもほのめかしたものです。まわりくどい言い方はしているけれども、要は子分になれという脅しですよ。この教科書には囲みで次のように国書の内容が書かれていますけれども。

〈通交を求めたクビライ＝カンの国書
私の先祖が天下を支配したので、遠くの国もわが国をおそれて、朝貢に来ている。日本は高麗《コリョ》に接しており、開国以来、ときには中国とも通交してきた。ところが、私が皇帝となってからは、使者を送って通交しようとはしない。…そこで、とくに使者を派遣して、皇帝である私の意思を伝える。今後は、通交し合うとしよう。…
通交しないというのは、理に合わないことだ。兵を用いるような事態《じたい》になることは、どちらにとっても、好ましいことではあるまい。（一部要約）〉（前掲教科書）

有本　「朝貢」とは、王朝に貢ぎ物を差し出して、中華思想でいうところの「華夷秩序」に入り、中華を治めるものの軍門に降ることを言います。ですから、単に通交を求めるという、そんな生やさしい手紙ではないわけですよ。

百田　要するに「わかっとるな」と元が日本に言ってきたということなのです。「いうことをきかんのやったら軍を送るで」とこう言っているわけです。ヤクザが睨みつけながら、「こっちも手荒なマネはしたくないんや」と言っているのと同じ。

有本　そういう場面は関西弁だとリアリティありますね（笑）。そして、この教科書の問題点がもう一つ。北条時宗が出てきていないんです。

百田　「元を攻撃《こうげき》したカラフト（サハリン）のアイヌ」の話はわざわざコラムで書いているのに、究極の英雄である北条時宗について書いていない。

有本　北条時宗を『日本国紀』で取り上げたことについては先に話しましたね。『尋常小学読本』（明治三六年）には「この北条氏の、時宗といふ人の時に、元といふ国から、わが国に、せめてきた。元寇（ゲンコー）といって、名高いのは、このことをいふのである」とあったそうです（『日本国語大辞典』）。それがこの教科書からは消えて、存在すら不確かな朝鮮の人が掲載されているわけです。

消された「文禄の役」「慶長の役」

百田　それでは、朝鮮出兵でも見てみましょうか（笑）。いままで見てきたことから推察すると、何が出てくるか怖いね。

有本　〈（8）僧が見た朝鮮の民衆　―秀吉の朝鮮侵略―〉（第4章）という項目ですね。

百田　これはひどいねえ。「文禄の役」と「慶長の役」を一緒くたにして書いています。

〈▼大軍が朝鮮を攻《せ》める

1592年4月、釜山（プサン・ふざん）の沖《おき》に、日本の軍船《ぐんせん》が数え切れないほどならびました。1万8000人ほどを第《だい》1陣《じん》に、日本全国から動員された約16万の軍勢《ぐんぜい》が海を渡《わた》って攻《せ》め込《こ》みました。

豊臣秀吉《とよとみひでよし》は、日本全国を統一《とういつ》すると、次には明《みん》の征服《せいふく》をめざし、朝鮮に先導するよう命じました。朝鮮は、明に対して朝貢《ちょうこう》する関係にあったので、これを拒否《きょひ》しました。それに対して、秀吉は全国の大名に命じ、名護屋城《なごやじょう》（佐賀県）を築《きず》いて侵略《しんりゃく》の基地として、朝鮮への攻撃《こうげき》を開始しました。

朝鮮は混乱《こんらん》におちいり、5月には、都《みやこ》の漢城（ハンソン・かんじょう）が攻め落とされました。さらに、北部の平壌（ピョンヤン・へいじょう）も占領《せんりょう》されると、朝鮮は明に応援《おうえん》を求め、明の大軍が南下しました。

この戦争に医師として従軍《じゅうぐん》した日本の僧《そう》・慶念《きょうねん》は、戦場で見聞きしたことを、日記に書き残しました。「人買い商人が日本の軍勢のあとについて、朝鮮の老若男女《ろうにゃくなんにょ》を買い集め、首を縄《なわ》でつないでひき連れている」「牛馬を引かせ、荷物を運ばせているありさまは、見るにしのびない」〉（前掲教科書）

有本　〈▼日本軍の敗戦と引きあげ〉にはこう書かれていますね。

〈朝鮮各地での激《はげ》しい抵抗によって、孤立《こりつ》した日本軍は、城《しろ》を築いて立てこもります。僧・慶念は、蔚山《ウルサン》での激しい戦いを、「味方は、いよいよ水もなく、食料もない、あすは落城《らくじょう》か」と書きしるしました。

1598年、秀吉が死んだあと、追いつめられていた日本軍は、朝鮮軍・明軍との交渉《こうしょう》をまとめて休戦し、引きあげました。こうして、7年におよぶ戦争が終わりました〉（前掲教科書）

百田　まず二つの戦いを一緒くたにしているということと、「秀吉が死んだあと、追いつめられていた日本軍は」って、当時は全然、追いつめられていなかったのですよ。特に二度目の「慶長の役」は日本が連戦連勝です。先に話しましたが、『日本国紀』ではこういう嘘を正しています。

有本　この記述に何かものすごく違和感があると思っていたのですが、理由がわかりました。元号を極力排除しているのですね。

百田　私も日清戦争の項目を見ていて違和感がありました。明治〇年と書いていないからすごく厄介。

有本　単に年代を元号で表記せず、西暦表記しているというのではなく、徹底した元号排除の流れから「文禄の役」「慶長の役」という戦いの名前も書かれていないのです。文禄元年の戦いだから「文禄の役」なのですからね。さらに「文禄」「慶長」の記述がないことで二つの戦いだということもわからなくされています。

百田　恐ろしい。歴史修正や。

有本　まさにそうですよね。

百田　それから「人買い商人が日本の軍勢のあとについて、朝鮮の老若男女を買い集め、首を縄でつないでひき連れている」とありますが、「人買い商人」はどこの国の人間か書かれていないですよね。普通に考えて、朝鮮人です。でも、まるで日本軍が悪いように書いてあります。

有本　本当に。

百田　でも、ここらあたりは、まともなことを書いてありますよ。

〈▼朝鮮民衆《みんしゅう》のたたかい

このころ朝鮮は、きびしい身分制度《みぶんせいど》の社会でした。とくに、最下層《さいかそう》の人びとは、奴《ど》れいのような地位にありました。しばしば反抗《はんこう》し、身分から自由になることをめざして、立ち上がりました。日本軍があらわれると、朝鮮の役人たちは逃《に》げだしたので、おさえられていた人びとは、戸籍《こせき》を焼きすてて、自由になりました〉（前掲教科書）

有本　これはその通りですよ。このとき秀吉の軍が入ったら、「これ幸い、自由になれる」と役所になだれ込んで暴動を起こして、書類を燃やしたのです。これは『日本国紀』には書いていないけどね。だから民衆は喜んだのです。

百田　なるほど。朝鮮の身分差別は日本人からは想像もつかないくらい激しいものがありますからね。いまでも両班《ヤンバン》気分でいる人たちが多いのが韓国という国の特徴でもあります。

不確かな韓国人「沙也可」

百田　これなに？　〈朝鮮の武将《ぶしょう》となった沙也可《さやか》〉

有本 初めて聞きました。

百田 わざわざコラムで取り上げて、こう書いてありますよ。

〈戦争のなか、1万人にものぼる日本の武士や農民が、朝鮮側に投降《とうこう》したり、逃亡《とうぼう》したりしたといわれる。加藤清正《かとうきよまさ》の家臣だった武将は、朝鮮側に降伏《こうふく》し、日本軍と戦って、国王から金忠善（キムチュンソン・きんちゅうぜん）という名をあたえられた。日本名は沙也可《さやか》だったと伝えられる。投降した日本の武士には、火縄銃《ひなわじゅう》のつくり方などを教えた人もいた。

日本軍が退却《たいきゃく》したとき、朝鮮の役人がもどってきて重税《じゅうぜい》をかけようとした。そのとき、僧や最下層の身分の人びとが指導して、民衆700名が反乱《はんらん》をおこした。このとき金忠善《キムチュンソン》は、国王の命を受けて、弾圧《だんあつ》の先頭に立った〉（前掲教科書）

これを教科書に載せる、何の意味があるの？

有本 意味があるとはとうてい思えません。産経新聞の記者である藤本欣也氏がこの「沙也可」について書いた記事があります。藤本氏によれば、韓国南東部の大邱《テグ》近郊には〝降倭の里〟、つまり「降伏した倭人（日本人）」の村があるそうです。そこには朝鮮出兵したけれども、朝鮮側に投降した武将たちの子孫が住んでいるということですね。

〈門のところに、韓国語と日本語で記された案内板があった。

「賜姓金海金氏の始祖である慕夏・金忠善（キム・チュンソン　号　慕夏堂、字　善之）は本来日本人であり、日本名は沙也可である。1592年、文禄の役の際、加藤清正の先鋒（せんぽう）部将として韓国に上陸した。しかし平素より慕っている朝鮮という国は義・礼・智・忠と文化に優れた国であり、日本による朝鮮への侵略は不義であると考え、投降を決断し…」

そして、「兵士3000人」とともに朝鮮側に降伏したというのだ〉（産経ニュース二〇一六年八月二七日）

藤本さんは「沙也可」という日本名がないからこの人の出自について様々な説が生まれたと、いくつか紹介し、その子孫に取材をしてこう書いています。

〈「全部で5つぐらい説がありますよ。本当のところは分かりません。ハハハ」

豪快に笑い飛ばすのは、沙也可こと金忠善から数えて12代目の子孫という金相保（キム・サンボ）氏（67）だ。現在、一族のまとめ役をしている〉（同前）

百田　要は、よくわからない人物ということですよね。

有本　そうです。しかし朝鮮側の資料には「沙也可」の記述があるということです。

しかも、おもしろいことに、この「沙也可」が一九九七年に韓国の中学校の道徳の教科書に取り上げられたと藤本氏が書いています。

百田　道徳？

有本　そうなのです。日本軍として進撃の途中で「沙也可」は、戦闘中の混乱にもかかわらず、善良な孝行息子を見て、このような民衆に害を及ぼしてはいけないと考え帰順したというような内容だそうです。しかし韓国はさておき、日本の、それも歴史教科書にこの不確かな人物を載せる必要があるのでしょうか。

百田　信憑性のない話を、教科書に堂々とコラムにして取り上げるのはおかしいでしょう。いくらでも他に取り上げるべき人物はいます。

徴用工と慰安婦問題が

有本　細かいところもツッコミどころ満載ですよ。〈(8) 東南アジアの日本軍　―アジア太平洋戦争―〉（第9章）という項目には、〈朝鮮・台湾《たいわん》の人びとと日本の戦争〉というコラムがあり、こう書いてあります。

〈戦争が長期化すると、日本政府は、敗戦までに約70万人の朝鮮人を国内の炭鉱など

に送り込んだ。長時間の重労働で、食事も不十分だったため、病気になったり、逃亡《とうぼう》したりする人も多かった。

さらに、志願や徴兵《ちょうへい》で、多数の人びとが日本軍に動員された。また、軍属《ぐんぞく》として、日本の占領地にある捕虜収容所《ほりょしゅうようじょ》の監視人《かんしにん》や土木作業などを命じられた。朝鮮からは軍人20万人以上、軍属約15万人、台湾からは軍人約8万人、軍属約12万人にのぼった。

一方、朝鮮・台湾の若い女性のなかには、戦地に送られた人たちがいた。この女性たちは、日本軍とともに移動させられ、自分の意思で行動することはできなかった〉

（前掲教科書）

なんですか、これ。募集、官斡旋、徴用、みんな一緒くたですよ。

百田　コラムの上にある写真のキャプションも手を抜いていないよね。〈土木工事で働く朝鮮人労働者（八幡《やはた》市─現在の北九州市）／右上は監視人。〉と書いてある。すごいねえ。

本文には「志願や徴兵で」と書いてあるけれども、徴兵は昭和一九（一九四四）年からで、ほとんどが特別志願兵です。徴兵された朝鮮の人は実際には、ほぼ戦地には送られてないんですよ。終戦になるまでに訓練が間に合わなかったわけですね。

有本 いま問題化されている徴用も同じで、国民徴用令に基づく徴用は昭和一九年九月から昭和二〇（一九四五）年三月ごろまでです。そのほかは募集と官斡旋。

百田 なぜ昭和一九年九月から朝鮮人を徴用したかというと、そのころ多くの日本人の男性は徴兵で戦地に送られていたので、働き手がいなかったからですよ。朝鮮人は働き手になり得たわけです。しかも朝鮮人徴用工には、給料もきちんと払っているし、朝鮮半島に残された家族のための手当もあった。日本人に対してはすでに昭和一四（一九三九）年に国民徴用令が公布されていました。中学生や女学生が徴用されて工場などで働いていたのですが、彼らには給料はなしです。

有本 そうです。当時、大阪の旧制中学に通っていた私の父も工場へ行ったと言っていました。ただ、戦後言われているような「悲惨」な状況だったとは言っていませんでしたけれども。

百田 こういうことを、この教科書はすべて無視して書いていますね。

有本 いまだに「一方、朝鮮・台湾の若い女性のなかには、戦地に送られた人たちがいた」と当時の事情を無視して書いている神経もすごい。「戦地に送られた」と書いていますが、「送った」のは誰かをあえてボカしています。しかし、日本軍でも日本政府でもありません。業者ですね。しかも次の文で「この女性たちは、日本軍とともに移動させられ、自分の意思で行動することはできなかった」と「日本軍」という単語を書くことで、日本が若い女性を戦地に送ったかのように印象操作しています。

独立マンセー

百田　極めつきは日本の教科書なのにこんなのが載っていることですね。

〈(10)**独立マンセー　—民族運動の高まり—**〉(第8章)

有本　いやまったく、どこの教科書なのでしょうね、これは。

百田　女性の顔写真が載っていてキャプションは「**逮捕《たいほ》された柳寛順《ユグァンスン》**(1902?〜1920)」。この人物を、載せる必要ありますか?

有本　「三・一独立運動」に参加した女学生らしいですよ。他にも「**映画『アリラン』の1シーン**」というキャプションがついた写真も載っています。驚かされますねえ。この教科書には囲みで「**三・一独立宣言**」まで載っていますけれども。

百田　ご丁寧に「**3〜4月に独立運動が起こった所**」という無数の点を打った地図まで載っている。「三・一独立運動」(一九一九年三月一日)は単なる暴動なんですよ。韓国では「偉大な独立運動」として三月一日を国民の記念日にしていますが、本当に「独立運動」だったかは大いに疑問です。初期のデモは別にすると、後の暴動は単なる騒擾事件ですよ。逮捕された者たちは首謀者を含めて非常に軽い罪でした。

実際、「三・一独立宣言書」を起草した崔南善氏は、総督府の朝鮮史編修委員会の委員になり、満州建国大学教授にもなっています。そして一九四九年、韓国政府によって反民族行為処罰法により収監されているのです。わけがわかりませんよね。「三・一独立運動」を民族抵抗運動と捉えるか、単なる暴動と捉えるかで、犠牲者の位置づけが大きく異なると拙著『今こそ、韓国に謝ろう』に書いています。詳しくは拙著を読んでください。

ただ、本当に独立を目的とした暴動であったり、国家転覆を狙ったものだったりしたのなら、首謀者たちは重罪になっていたはずです。

有本　現在、産経新聞客員論説委員の石川水穂氏が、「三・一独立運動」の教科書記述について平成一四（二〇〇二）年当時、すでに警鐘を鳴らしています。その死者数について日本の教科書ではいつの間にか「七〇〇〇人以上」という数字が定着したと。そして次のように書いています。

〈朴殷植著『独立運動の血史』に書かれた「死者7509人」を根拠としている。中国・上海にいた独立運動家らの資料をまとめたものだ。しかし、朝鮮総督府は「死者553人」とする公式文書（同年六月二十日付）を作成している。面（村）ごとに調査し、それを集計した数字である。両者の数字には、十倍以上の開きがある。

日本の教科書執筆者がなぜ、日本側の公式文書を信用しないのか。せめて、両方を併記すべきではないか〉（産経新聞二〇〇二年八月一一日）

百田　怖いですよね。一方的な数字が一人歩きしてしまうのは本当に恐ろしい。この教科書には死者数は掲載されていませんが。

有本　まったく想像ですけれども、さすがに数字を出すと検定で意見がつくので、韓国側に寄った書き方はできない。そこで、あえて柳寛順という女子学生をピックアップし、物語として描いているのではないでしょうか。**〈日本の憲兵隊《けんぺいたい》が、集まった人びとに向かって発砲《はっぽう》し、両親は殺されました。柳寛順《ユグァンスン》も逮捕《たいほ》されて、裁判《さいばん》にかけられ、翌年10月、刑務所《けいむしょ》に入れられたまま死亡《しぼう》しました〉**とこの教科書では記述されています。

百田　ふつうに中学生が読めば同情し、日本が悪い、となりますね。それに、死因を

第８章（10）独立マンセー（『ともに学ぶ人間の歴史』より）

書いていないのもズルい気がします。単に、刑務所のなかで病死しただけかもしれないのに、まるで殺されたかのようにほのめかしています。

「負の歴史」を教える教科書

有本　この学び舎の中学歴史教科書は当初、検定意見がついて出し直し、合格しています。

この教科書がなぜ、どのようにつくられたかを解説する意味合いのある『増補　学び舎中学歴史教科書　ともに学ぶ人間の歴史』（学び舎）というものがあるのですが、これに、朝日新聞の記者・氏岡《うじおか》真弓《まゆみ》氏が寄稿をしているのです。

そこには学び舎が検定に提出した本は、慰安婦の記述について「政府の統一見解を書いていない」と指摘されたとして、こう書かれています。

〈これに対して理由書は、前者の加害のコラムの記述と、金さん（編集註／金学順さん）の証言部分に対して「政府の統一見解に基づいた記述がされていない」と指摘した。第一次安倍政権のとき閣議決定された見解で「軍による強制連行を直接示す資料は見当たらない」とされたことを盛り込むよう求めたのだ〉（「学び舎の問い　歴史教育はどうあるべきか」、『増補 学び舎中学歴史教科書 ともに学ぶ人間の歴史』)

金学順さんという方が「強制連行」の被害者でないことは明らかです。櫻井よしこさんが植村隆氏に名誉毀損で訴訟を起こされた件はまさに金学順さんの証言をめぐる内容が焦点であり、櫻井さんが勝訴しています。

百田 金学順氏は一四歳のときに親から養父に四〇円で売られ、一七歳のとき、その養父によって中国に連れて行かれ慰安婦にされた人、ということですね。このことは、彼女自身が何度も語っています。

有本 そうです。この検定意見に対して「学び舎」はどう対応したか。再提出された教科書では、資料として掲載された「河野談話」と政府見解をのぞき、「慰安婦」の用語がすべて消えたとしながら、朝日記者の氏岡さんはこう書いています。

〈検定意見をつぶさに見ると、慰安婦の絵や慰安所の地図にまでは意見がついていない。慰安婦を教科書に書くこと自体が問題視されたわけではない。意見に対応し、慰安婦を軸に書き換えることも可能だった。

どうするか。別の書き換え案として浮かび上ったのが、残留孤児を中心にした戦後補償の見開きページだった。検定に出す前に既につくってあり、提出前の段階でどちらにしようかと検討していたものだ。
彼らは考えた。「慰安婦」の記述を教科書に入れること自体が自分たちの目的ではない。戦後補償を学ぶのに、ふさわしい記述は何なのかという観点で決めたい。そうして選んだのが、残留孤児から始めて戦後補償を考える記述だった〉（同前）

百田　すごいですね。ことさら戦後補償を取り上げようとしているわけですね。慰安婦問題もいわゆる「徴用工」問題も、何度合意し、解決しても「戦後補償」だと蒸し返されて日本政府は大変な目に遭っています。

有本　朝日記者の氏岡さんがこの原稿を書いたのは、朝日新聞が例の慰安婦の記事での誤りを認めた後のことです。氏岡さんがどういう人かは存じませんが、たとえば慰安婦に関して、事実でない自社の記事が長年にわたる「歴史問題」を引き起こした、そのことはどう捉えているのだろうか、と不可解に思うのです。自社の過去の記事の「罪」よりも、とにかく日本が反省し、日本は韓国人に補償すべきだと、この氏岡さん自身も考えているように読めます。氏岡さんは同じ寄稿でこうも書いていますから。
〈歴史教科書は、これまで教科書に何が書いてあるか、書いていないかが問われてきた。家永教科書訴訟以来、戦争の被害、加害や植民地支配の問題が検定でどこまで認められるかが焦点となり続けた。

負の歴史をどうとらえるか、国が教科書を通じて教育を統制することをどう考えるかは「教科書問題」の重要なテーマである〉（同前）

「負の歴史をどうとらえるか」。もちろん国や民族には「負の歴史」もあるでしょう。それは書けばいい。でも、見たところこの教科書は「負の歴史」をことさら強調し、その責はすべて日本にあるかのように書かれています。というより、総じて日本からの視点がなく、といって相対化しているのではなく、韓国の視点で書かれています。韓国側の視点に立って書かれたかのような、この教科書で学んだ日本の子供たちが長じてどうなりますか。

この教科書の内容に驚いた父母たちから、学校へ問い合わせが入っている地域があるということも聞いてはいますが。当然だと思います。

百田　この中学歴史教科書は中高一貫の超名門校で使用されています。彼らは非常に優秀なので、この歴史観を持った人たちが大量に東京大学に入ることになります。東大法学部に行くと国家公務員になる人が多い。あるいは大学教授になったりもします。つまり、この教科書で学んだ、このような歴史観を持った人たちが、日本の官僚機構や教育界に大量に存在することになります。

また厄介なことに、勉強のできる優等生というのは、先生の言うことや教科書に書かれていることを疑いもせず、ホイホイ受け入れる子も多い。だから優等生になるわけですが、問題ですね。

有本　いまでは、インターネットやさまざまな書物を読んで、学校での偏った歴史教育を自力で修正する頭のいい子も増えています。でも、この教科書で学ぶ子供たちが、将来、日本を背負うポジションについたとしたら、そのとき韓国と、諸外国と、日本の立場第一、国益第一で交渉できますかね。

百田　「加害者意識」がつきまといますね。

有本　彼らが大人になったとき、何が起こるかを考えると本当に恐ろしいですが、そうならないためにも『日本国紀』を読んでほしいと思います。

第7章　ベストセラー作家の秘密

「一人ブラック」の自覚がない

百田　この一年、取り憑《つ》かれたように『日本国紀』を書いていました。

有本　本当に取り憑かれていました。百田さんと仕事をするということについて、私には実は下心がありました。百田さんと親交ができた当初から、この方はなぜベストセラーを書けるのだろう、その秘訣を知りたいなと思っていたのです。

　その下心があったところに歴史の本を書かれるという話があったので、ちょうどいいと思ったわけですが、実際やってみたらけっこう大変なんですね（笑）。作家としての百田さんは、いわゆるわがままな作家というわけでは全然ないので、そういう意味で大変なのではありません。よく「仕事の鬼」と言ったりしますが、そういうのともちょっと違う。なんと言ったらいいか、百田さんは「仕事さえしていたら幸せな人」なんですよね。

百田　いや、そんなことないけどなあ。仕事、むしろ嫌いやからなあ。

有本　でも仕事しかしていない感があるんですよ。

百田　そんなことはないけど、生活のために本を書かんとあかんから。

有本　沼地が見えてきたときに「ちょっと立ち止まっておくか」というのがない。沼地が見えると私は、百田さんはきっとここで立ち止まるに違いないと思って、その間に自分も休もうと思うんだけど、休めないんですよ（笑）。究極のブラック体質ですね。でも作家は、ご自分一人の仕事だから「一人ブラック」です。それに全然自覚がない。やはり天才なんですよ。

百田　天才では当然ないけど、どうしてコイツ、ついて来ないのかなとは思いましたね（笑）。

有本　アハハハ。

百田　なにも「一緒にここまでついて来い」とは言っていない。せめて半分は走れよと。

有本　（爆笑）。百田さんのばく進力は、四輪駆動どころじゃないんですよね。キャタピラーがついているから沼地であろうが、荒れ地であろうが何でもどんどん進む。でもこっちは普通車ですからついて行けませんよ。

百田　これだけ書いたと、どばーっと原稿を送るんだけど返りが遅い。「なにしとんねん」「読んでんのか」と。そうこうしている間に、私はもうすでに書き直してる。

有本　もう違う稿になっていましたね（笑）。

百田　何でもいいから送ってくれと言っても送ってこない。
有本　何でもいいと言うけれども、そうはいかないですよ。それにたぶん、こんなに書き直す作家もいないんじゃないですか。
百田　もう書き直しの連続だから。
有本　「百田さん、やめてください。何がなんだかわからなくなるから」みたいな。
百田　一日に四回でも五回でも書き直すからね。書いたところまでを有本さんに送る。その十分後には書き直したものをまた送る。しばらくしてまたもう一回書き直したものを送る。すると有本さんが朝起きたら、版が三つも四つも送られているという。そうすると有本さんが怒る。

百田尚樹はモンスター感がすごい

有本　いったいどれが原稿ですか？　と。
ともかく百田さんのモンスター感はすごいと思います。たとえば、こちらが鉛筆でこれはこうですよと何か書き込んだり、何か疑問を出したりしたら、次の瞬間にぱくぱくと食べて疑問解消して終わりなんですよ。もう食べたと。こっちとしてはボールを投げておいたから、しばらくはそれについて考えるだろうと思うわけです。ところが、ぱくぱくと食べて「おかわり！」みたいな話になる（笑）。これはきついですよ、本当に。常に追われている感じでした。ふつうの作家と編集者の関係とは、「追われる」「追う」が逆なのです。

ちょっとばく進力が弱まったかなと思うと、すごく前に書いた古代の話なんかをガンガン書き直したりしている。古代の章がいつの間にか二つに分かれたりしていて、全く違ったものに。たまったもんじゃないなっていう（笑）。

百田　仕事遅いねん（笑）。とにかく夜中でも電話して「ちょとこれ、調べて」とお願いする。朝になってまた電話すると、当然有本さんは寝ていて「私寝てました」「何してんねや。わしゃずっと起きとるんや。頼むで」と。「わかりました」と言うので、また昼頃電話して「調べたか」。すると「いや資料探してました」。「何してんねや。わしゃずっと待っとったんや」「ごめんなさい」と。

また晩に電話したら「今日予定があって人と会食で」「ええかげんにせえよ！」と。ずっとそんな状態で、ほんとにすみませんでした。

有本　いまのはちょっと誇張されていますが、そんな感じの日もありましたね（笑）。

「調べろ」とか「これは有本さんが下書きを書け」とか言われる。下書きとはいえ、調べるだけでもけっこう大変なんですよ。そうするとまず「遅い」と叱られる。そして書いたものを、ときには「おー、うまいこと書いたなあ」と言ってくれるんですが、翌日になると全然違うものになっている（笑）。

もちろん原形をとどめていないというわけではないし、エッセンスは残っているけど、違うものになっている、と。ああ、また食われたか、みたいな。

それから私がたまにいいことを言うと「いいねえ」と仰るんですが、しばらくたつと「あれは僕が思いついた」と言い始めたり（笑）。あらゆるものを養分にする。平成のモンスターですよ。

これはピラミッドの頂点の学者が弟子が書いたものを取るというような、そういう話ではないんです。自分の脳を差し出している感じというか。大した脳みそじゃないけれども、差し出してる感がすごいんですよ（笑）。

百田　そんなん言われても、自分ではわからへん。

法則のない天才

百田　さっきから人を化け物扱いしているけど、僕は人の言うことをよく聞くでしょ。

有本　それはすごく聞きますよね。すごく素直だと思います。「百田さん、これはこうですよ」と言うと「ほーほーほー、そりゃそうやな」とか言って、次はまた違うものになっているんですよ。

百田　こう書き直したらどうかと言われたら、すぐ書き直す。

有本　ここは前後関係がよくわからないとか、最初は失礼かなとあまり言わなかったんですね。でも、言ってくれと。だから指摘するとちゃんと直す。

こちらも完成形が見えているわけではないから、あんまり言い過ぎると変に混乱させたり、邪魔になったりしないかと考えましたけれども。でも、ぱくぱくと食べてしまう。

百田　けっこうできあがった状態のものでも、大胆にパーンと入れ替えたりする。

有本　構成作家が長いからか書いたものに対して恋々としていないですよね。あんなに力を入れて書いていたのに「やっぱりここ落とすわ」とバッサリ。

百田　そのへんは躊躇がない。その原稿書くのに何時間かかろうが、「どうかな?」と編集者に聞いて、「いらないいんじゃないの」となると、ＯＫ、全部カット。
有本　なんかここはちょっといまひとつ……、と言ったら、次の瞬間ない（笑）。「もういらん」「えーっ！」。
百田　まあでも、逆のときもあるけど。
有本　ありましたね。
百田　有本さんと幻冬舎の編集者から、ここはもう書きすぎだからいらないのでは？と言われても「絶対いる。誰がなんと言おうともこれは入れる」。そんなものもいくつかあります。
有本　でもそういう風に言っていたのに、最後の最後になって「百田さん、やっぱりここを刈り込んだらもっとよくなる」と言ったら「わかった」というのもあった。最後にバーンとはずしたりもしたでしょう。なぜそこで気が変わったのかよくわからないけど（笑）。いままでまったく説得に応じなかったのに、急に「たしかにその方がいい」と。
百田　法則はないねん。
有本　やはり天才なんですよね。これはいらないと言っていても、突如、書いたりもする。どことは言いませんが、最後の最後に日本人にとってすごく重要だった場面を倍くらいの量に書き足したりもしましたね。「ここにきて、また加筆ですか」「ページ数が」と幻冬舎の編集者は泣いていましたけど「いや、ここは足りない」と加筆した。

「あしたの朝までに書いといて」

百田 「犬のお伊勢参り」もページ数が足りない中、入れた話。

有本 そうでした。ある日の夜に百田さんが「犬のお伊勢参り、知ってる?」と。「知りません。何ですか」と聞いたら先ほどの話をしてくれて「ええ話やけどなあ。もうページ数が足りないから書けないやろ」と。「いやあ、それは書いた方がいいんじゃないですか。いい話ですよね。滅茶苦茶いい話ですよ。日本人の本質を指し示していますよね」「わかった。ほな、あしたの朝までに下書き書いといて!」「はい?」と(笑)。

百田 「資料はこれとこれとこれ」。

有本 「あしたの朝までは無理ですよ。資料を取り寄せるだけでも時間かかります」と。「とりあえず犬のお伊勢参りの本を探さないといけない」と言ったら、「いや、それはいらん。とりあえず、僕が挙げたこの本を読めばいいから」「いや、いま夜だから。本すらも手に入らないんだから」。そんな感じでしたねえ。
本を読むのが遅いとも言われたんですが、私も読むのは速いほうなんですが（笑）。
百田　（笑）。
有本　とにかく百田さんは滅茶苦茶に本を読むのが速い。しかも百田さんは自分の頭の中と他人の頭の中が一緒になっているんです。恐ろしいですよ。
百田　それで有本さんに書いてきてもらったものを全部「違う。逆や」。そうして書き直した。
有本　天才は暴力的なんですよね。そして天才のマネは私にはできないというのが、一年一緒に仕事をした結論です（笑）。
百田　実はいい話でも書くかどうか迷うときがあるんですね。迷うときは有本さんとか編集者にわざと「いらんよねえ？」と言うんですよ。「これええやろ？」「いるやろ」と言ったら、相手はそれに引っ張られるから、あえて「こんなの、いらんよね？」と言うんです。
有本　だから「犬のお伊勢参り」は私が進言したから本に載ったんですよね、と言ったら、「ちゃう。僕は最初から入れようと思っていた」ですからね。

スロースターターの執拗なダメ出し

百田　最後の再校正（印刷の前の段階で校正すること）を戻した後にも書き足しがありましたね。ホテルで有本さんと幻冬舎の編集者と三人でかんづめで再校正をして、朝にそのゲラを持って幻冬舎の編集者が出て行った。これで後は確認作業だけになるから「やっと終わったねー」とラウンジでお茶飲んでいるときに、ちょっと思いついた、と。幻冬舎の編集者に電話して「これを後ろに入れてくれ」です。

有本　はい。百田さんは常に全体の物語が頭にあるんですよ。どういう強弱やメリハリや、山と谷があったらいいかをいつも考えていますね。ディテールじゃない。このへんがずっとドラマを作ってきた人という感じが非常にしますよね。すごいですよ。

百田　いえいえいえ。ありがとうございます。

　私のことをいろいろと褒めてくれたので、有本さんのことを言うと、後半がどんどん良くなってきた。有本さんからどんどん指摘が入る。「えっ、それもういいやん」と言ったら「いや、これはちょっと」と。「もう、そこはええって。監修者も見逃してる」「いや、私気になる」「ああそうなん。勝手にやって」。そうしたらどんどん勝手に見つけてくる。だから「ほんまやなあ。直しますわ」。こういうのが何回もあった。
でも、私はそのときこう思ったんです。「もっと、はよ言えよ」と。

有本　わはははは。いや、書き換わってますもん。

百田　「もっと前にできたやろ、それ」。「こんな土壇場になってからクソ力出しやがって」とね。

有本　クソ力（笑）。

百田　有本さんはどうもスロースターターなんですよ。エンジンが暖まるのが遅いんです。でも、エンジンが暖まったら、凄い馬力。後半はターボエンジンの威力を見ましたね。本当に全幅の信頼を置きました。

有本　でも「この人壊れている」とか「ヘビのような執拗なダメ出し」とツイッターに書き込まれて、たいへん迷惑しましたけれども（笑）。

百田　ちゃんと「観音様のような慈愛に満ちたアドバイス」とも書いていています。

有本　「出版社の編集者と原稿確認して、次のページに行こうとすると、『ちょっといいですか？』という姐さんの一言が。で、ネチネチとダメ出しと疑問出し」「鋭い指摘に何度も反発し、時には声を荒げたこともありましたが、お許しください」とありましたが、私は何言われても全然平気なんですよ。

執筆は彫刻と同じように

百田　あれも、有本さんじゃなかったら本気で怒ったかもね。この人はにぶいから、このへんまでだったら大丈夫だということで。

有本　ネチネチというけれども、それは改稿されるからですよ。文章を練っていても、あっ、ここ、がっさりなくなっていたというのもある。

百田　有本さんは細かいところ直すからね。私の書き方はガーッと書いて、ガッガガッガッと直す。だからものすごく荒っぽいのです。その途中に細かいところをいっぱい直すけれども、どうせごっそり削ったりするのに、そんなところを直してどうするんだ、と。どうせ次のときに全部直してしまうところなのに「アホやなコイツ」「もっと違うところ見ろ」と思ってましたね。

彫刻するときに最初はガッ、ガッ、ガッと大きく削っていくでしょう。だんだん形ができてくると、細かいところを丁寧に削っていく。それと同じ。

有本　そこまで荒削りのものを見せているとは思いませんからね（笑）。あと百田さんの独特の書きグセがありますね。これはさすがに書きグセがけっこう多いと思ったものは、入稿のときにだいぶ削りました。「まだ削るんかい。僕の大事な原稿を」とおっしゃってましたが、私が見て「またこのクセがいた」と削りましたね。

百田　わかってないな。細かいところ、木を見ているんですよ。私は森を見ながら、全体の流れを見ているんです。細かい流れはいらない、とかね。あるいは、この流れで見たらいらないけれども、別の流れで見たら必要なものもある。女性は細かいから仕方ない。

有本　「百田さん、ここところがダブってますよ」と言ったら「ん？　ああ」なんて興味なさそうでしたからね。こうやってできたんです、『日本国紀』は。

歴史は「脇道」だらけ

有本　第一稿を上げるまで、どれくらいかかりましたかね。

百田　平成三〇（二〇一八）年の一月から実際に書き始めて八月に上がりましたから、正味八カ月ですね。

有本　正味、書いている時間は？

百田　千時間くらいかな？

有本　千時間ではきかないかもしれませんよ。

百田　月一〇〇時間を使っても八〇〇時間ですからね。月一〇〇時間ということはさすがにないですね。その倍近いかな。最終段階では私と有本さんと幻冬舎の編集者の高部君と、ホテルに籠もって何度も合宿したけれども。

有本　合宿は寝てる時間は除いて一二〇時間くらいやりましたね。

百田　一二〇時間というのも凄いね。朝から晩まで一日一〇時間やって、一二日もかかりますから。一日八時間としたら一五日間。つまり、その合宿だけで、土日休みなしで二週間以上かけたということです。

有本　百田さんの集中力はすごい。「執筆体力」といったらいいのか、ザクザクザクザク……と進めていきます。

百田　この喩えが正しいかわからないけど、今回、通史を書いている時に私が注意しなければならないと思ったのは脇道です。歴史は書いていくと道が見えなくなることがある。脇道だらけなのですよ。

有本　迷路に入ってしまう。

百田　うん。いくらでも入るんですよ。たとえば経済、文化、あるいは外交。至るところに脇道があって、それがまた面白い。うっかり脇道にそれると本道を見失う。迷路みたいな脇道がいっぱいあります。

有本　常にやはり前に進むという。

百田　本道みたいに見える大きな道があったりするんですが、でもそれは大きな道だけど脇道だったりするんです。

有本　でも魅力的な脇道のことはちゃんと書いてある。

百田　それは今回、技術的にコラムという形で書きました。

有本　テクニックとして物語の本道とわけたということですね。

道が見えない幕末

百田　たとえば幕末は難しいんですよ。佐幕派、勤王派が入り乱れています。いまだに明治維新とは何かが評価できないところがあるくらいです。というのは、尊王攘夷が倒幕を果たしたわけです。でも倒幕を果たしたとたんに攘夷は消えてしまう。

だからこのへんはイデオロギー的にとらえると難しくて、そっちの方にいくともう駄目なんです。わからなくなる。もっと違う流れがあるということなのです。
乱暴に言えば、攘夷はあくまで建前なんですよ。

有本　実はそうなんですね。私はそのことをこの本で初めてわかりました。

百田　もちろん本気で攘夷を掲げていた人もいたけれども、倒幕派は攘夷を建前に使っていただけなんですよ。だからそのへんはあんまり細かく考えると道が見えなくなる。

有本　このときの「尊王」もちょっとうさんくさいものがありますよね。

百田　そうなんですよ。

有本　攘夷論は常に尊王とともになければならないという人がいたのですが、私はそれはどうなのかなと思っています。

百田　明治天皇の前の孝明天皇はどうも討幕派に暗殺された感じがしています。

有本　そうなると尊王もへったくれもないですからね。でも、そうやって明治維新になりました。

百田　反対に逆賊と言われている会津藩藩主の松平容保《かたもり》なんかものすごい尊王です。

有本　松平容保は京都守護職で孝明天皇の信を得て公武合体を推進しましたが、一方で大政奉還に反対し鳥羽伏見の戦いで官軍と戦った。

百田　だから尊王や攘夷、そういうイデオロギーで、あの時代や人間を見ていくと、結局、維新が見えなくなってしまいますね。

有本　維新は田舎の人たちが起こしたものですから、その人たちが理念やイデオロギーで動いたとは到底思えません。それが悪いことだとも思いませんが。

百田　いろんな思惑があった。いろんな私利私欲もあったし、それなりの理想もあった。いろいろあったけれど、そういうのを全部省いて、いちばん根本に何があったかというと、当時の佐幕派も倒幕派も「日本を何とか守ろう」と。この思いだけだったのです。

有本　それは間違いない。

百田　こんなふうに泥道を、どれが本線なんだ、どれが日本の通史の道なんだと思いながら、ずっと森を歩いて『日本国紀』を書きました。今回、私は通史を書いたけど、今後、私に続く作家が書いてくれるといいなと思いますね。

素晴らしかった監修者

百田　今回は監修してくれた方々がよかったですね。

有本　よかったですねえ。

百田　久野潤さん（大阪観光大学講師、歴史学者）、江崎道朗さん（評論家、近現代史研究）、それから上島嘉郎さん（元産経新聞社、月刊『正論』編集長）、谷田川惣さん（評論家）とみんなよかった。それぞれ一家言を持って知識も豊富だけど、もちろん完璧じゃない。パーフェクトな人間なんていないし、専門や得意分野が違う。それぞれ得意分野は細かいことをよくご存知です。だから複数人に読んでくださいとお願いしました。

有本　あと、校閲者は年号などの細かいデータをつぶしてくれました。校閲者も今回、三人以上で作業してくださいました。

百田　校閲には時間かかったよね。

有本　時間かかりました。それを監修者が見るわけですね。江崎さんや上島さんには近代以降を中心に見て頂いたわけですが、それでも半分くらいの分量はあります。久野さんは実は八年前から知り合いなのですが、彼は全て通して見てくれました。言葉の使い方も含めて非常によく見てくださったし、いろいろな新鮮な気づきをくださったと感謝しています。

百田　ありがたかったです。

有本　百田さんがもともとこの本を書き始めるときに、若い研究者とディスカッションでもしながらやりたいと言っていましたよね。ディスカッションまでする時間はとれませんでしたが、久野さんのような新進気鋭の方が加わってくださったのはとてもよかったです。その久野さんが『日本国紀』について自身のフェイスブックにこう書いてくれていました。

〈今や学問は分野・国境の壁を超えて発展し、各大学もそのキャッチフレーズのもとで教育・研究活動を行っています。しかし、かつてパスツールは言いました「学問に国境なく、学者に祖国あり」――これは、今の日本の歴史学者にこそ突き付けられている言葉ではないでしょうか。

戦前の歴史学にも戦前なりの問題があったでしょうが、とかく戦後の歴史学は歴史教育本来の目的と切り離され、「この歴史研究が日本にとって必要か？」と常に自らに問うべき姿勢を放棄してしまったのではないでしょうか。

今回、有本香女史のおかげで『日本国紀』の監修をさせていただきましたが、著者である百田先生のとてつもなく日本を想う心、そして「日本人であればなんとしてもこれを知ってほしい‼」と訴えかける比類なきパワーに感銘を受けました。本書の枝葉末節を批判する（あるいは努めてスルーしようとする）世の歴史学者たちに、ぜひ見習ってほしいところです。そうした謙虚さなくして、日本の歴史学に未来はありません〉（二〇一八年一〇月三一日）

この本には、発売前から批判だけではなく、誹謗中傷も寄せられましたから、久野さんには申し訳なかったという気持ちも私はあります。でも、彼のような意志と情熱、愛国心をもった方が戦後の歴史観を打ち破って、新たな歴史の道を作っていってほしいですね。学術界でのフロンティアを切り開いてほしいと思います。

歴史の重要性

百田　改めて今回の一年にわたる執筆で「私たちの歴史」を取り戻すことは重要だと思いました。

有本　本当にそうですね。実は今回、百田さんのお手伝いをさせて頂いた理由に関係するのですが、かつて歴史の重要性を認識したこんな出来事があります。

私は過去二〇年ほど、チベット問題を取材してきました。

チベットはご存じのように、中国人に国を取られてしまい、元首であったダライ・

ラマ法王はインドに亡命しています。私は、その法王がいまいらっしゃるインドの亡命政府にも何度か行きました。インドの中でもものすごく辺鄙なダラムサラというところに亡命政府はあるのですが、そこに行って亡命政権の人たちと仲よくなったりして、あるものを見つけたのです。

中国がチベットの歴史を書き換えようと、プロパガンダのためにつくった豪華本です。「チベットの歴史をすべて振り返ることのできる事典」という触れ込みの立派な本を中国が出版していたわけです。『西藏歴史档案薈粋』（A collection of historical archives of Tibet）というタイトルで、大判の箱入り、箔貼りの豪華なハードカバーですよ。光沢厚地の上等な紙に、写真もふんだんに掲載したオールカラー印刷です。「チベットは古代から中国の一部だった」と宣伝するための本なので、昔の文献や進物の類いを一〇〇ほど掲載していた。中国は「チベットは中国の一部」だということを既成事実化するために、この本をあちこちに配っていたのです。

百田　中国は日本の古書店で古地図を買い漁ってまで歴史捏造を試みる国だからね。

有本　そうです。でも、それに対してチベット亡命政権は「このままでは自分たちの歴史が書き換えられてしまう」と、反論するための本をつくろうとしました。ただし、彼らにはお金がない。そこで、わら半紙みたいな紙に刷って、中国の豪華本に対する反証本を出したのです。それに私は感動しました。その本を日本語に翻訳し、石平さんに推薦の言葉と帯の言葉を書いてもらって日本で出版しました。

そのとき私は、チベット人のしていることを日本人はなぜしないのか、できないのかと思ったのです。当時すでに慰安婦問題もあり、国際社会で日本の姿は歪められていました。だけど日本人はそれに唯々諾々としていた。もちろん、一部の保守派の知識人の方々は声を上げてらっしゃいましたが、国民全体の声になっていなかったのです。

だから国を取られてしまったチベット人が、こんなに一所懸命に、自分たちの歴史だけは絶対に渡さないという覚悟で戦っているのに、豊かな日本人が歴史を奪われて平気でいるなんて、私たちは一体何をしているんだろうと思ったんですね。

百田　戦っている人はいたけれども大きな声にならないのです。有本さんが第一章で言っていたように、自分の中に物語がないからですね。それに日本の場合は政治家が戦わない。

民族の歴史を守る

有本　また、去年（平成二九年）イスラエルに行ってきたのですが、ここでも違う角度から歴史の重要性を実感しました。国と民族には歴史が何よりも重要なのだということをです。

イスラエルは戦後に建てられた新しい国だとも言えますが、ユダヤ人の中には古代まで遡る建国物語がある。チベットとは状況が違うけれど、イスラエルが懸命に守ろうとしているのも民族の歴史なのです。もちろん反発もありますが。

マサダ遺跡という古代の遺跡があります。イスラエルの東部、死海西岸にある天然城塞遺跡ですが、これをイスラエル人はとても大事にし、誇りにしています。ローマ帝国によってユダヤの本拠地であるエルサレムが陥落しても、ユダヤ人が千人くらいこのマサダの砦に立て籠もり、最後は集団自決したという歴史があります。ユダヤ人にとっての聖地ですね。

ですからマサダ遺跡を案内するガイドは、ものすごく優秀な人です。大学院で歴史を学んだような人が流暢な英語で、熱く祖先のストーリーを語る。見事なガイドでした。

もう一つ「嘆きの壁」もあります。ローマによるエルサレム陥落時に残ったエルサレム神殿の一部ですが、これも聖地です。

ユダヤ人はイスラエルという国を神殿のあったエルサレムにつくらなければいけないという思いでいます。そのとき彼らにとって大事なのは、軍事と経済だけではなく歴史なのですね。「民族の歴史」は最大のパワーだということなのです。よく軍事や経済のことを「ハードパワー」と言います。これに対して「ソフトパワー」と言われるものがありますが、その最大、最強のコンテンツは実は歴史そのものなのです。ソフトパワーとは決して「クールジャパン」とかいう看板を掲げて、商品を売ることではないのです。

その「民族の歴史」「国民の歴史」という最大のソフトパワーを日本人はこれまで「ばんざーい」と諸手を挙げて手放そうとしていたのです。中学や高校の歴史教科書を見る限り、その残念な状況はいまも続いています。

百田　歴史は絶対に手放せないものだと思いますが、日本人は素晴らしい歴史を持っているのに実は気づいていない。

有本　そして他国に好き放題にされたりしています。

百田　たとえば万世一系の皇統は世界中がすごいものだと思っています。アメリカなんて羨ましくてたまらないわけです。せいぜい二〇〇年から三〇〇年の歴史しかありませんからね。しかも日本の皇室は世界最古の王朝です。中国を見ても、ついこの間まで女真族の国、その前はモンゴル人の国で、いまの漢民族とはつながっていない。別の王朝なのです。ギリシャも古代ギリシャといまのギリシャは連続性がない。

有本　滅んでいますからね。

百田　民族も違うし、二千年前に滅んでいます。ローマも全然違う。

イギリスもフランスも、連続性という意味で日本と比べたら歴史が浅いのです。つい最近できたような新しい店みたいなもの。日本は何代もさかのぼれる老舗みたいなものなのです。そのすごさを実は日本人が知らない。

有本　これは単純な日本人礼賛ではありませんし、良き歴史を眺めていい思いをしたいという娯楽ではありません。あえて個人に置き換えると、強い部分も弱い部分も含めて自分を知らない人間は、グローバル化が進む世界で勝ち抜ける人材になどなれるわけがないと私は思っています。最近ではグローバル人材を育てるという、よくわからない学部や学科が全国の大学にありますが、自分が日本人であること、自分自身すらよく知らないのに、どうやって世界の人と渡り合うんですかと言いたい。

善良な人が自虐史観に侵されている

百田　『日本国紀』がたくさん売れることによって、多くの人が自分たちは何者であったかについて気づいてくれるといいなと思います。そうなると嬉しいなあ。

有本　本当にそう思いますね。

いまの一部の歴史教科書はひどいと思いますが、そんな歴史教育や歴史教科書で学んできても、やはり日本人のアイデンティティは根こそぎ消されはしないのかなと、いまの若い人を見ると思います。時間はかかっても、本来の姿に戻ってくるんですね。悪いところも含めて。

百田　近年のネットの影響は大きいと思いますね。ここ一〇年くらい徐々に、やっと揺り戻しが来ています。

有本　一〇年以上前に多くの先生方が歴史について論戦をされていたときは大変だったと思います。当時は政治家、大臣が少しでも「自虐史観」から飛び出たことを言うと、クビを取られていたんですから。だけどいまは政治基盤さえしっかりしていれば、その種の発言一つでクビまでは取られなくなりました。政治基盤のしっかりしていない政治家が迂闊なことを言うと潰されますが、政治家としての基盤、足場のしっかりある人は大丈夫です。

ここまでになったのは、インターネットの影響がものすごく大きいですね。

百田　大きいですね。でも、それだけでもなく、やはりいま自分たちについての本当のことを知りたいという思いをみんなが持っていたということでしょうね。いま教えられていることは嘘なんじゃないか、と。

有本　ひたひたと少しずつ、そうなってきましたね。それはやはり長年戦って来られた先生方の努力によるところが大きいと思います。

百田　でもいまの団塊の世代より上の世代はもう無理。洗脳が深すぎて、もう元には戻りません。

有本　戦争を知っている世代はどんどん亡くなっていますしね。

百田　第一章でアメリカ軍が戦後、日本人に自虐史観を植え付けたと述べました。でも、もしアメリカ軍が他の国で同じようにWGIPを施しても、こうはうまくできなかったかもしれないと思うことがあります。日本人には自ら反省する美徳が備わっているから、これが自虐史観と混ざり合ってしまったのですよ。

有本　日本人の潔さや裏表がないことも作用していると思いますね。

百田　これらがものすごく悪い形で化学反応を起こしたんですよ。日本人はもともと反省する、非を認めることに美徳を感じる民族で、そこにアメリカ軍が「反省しなさい」とやったもんだから化学反応が起こって効果抜群なんです。他の国にこれをやったら、逆に反発を食らう可能性がありますよ。何を言ってるんだ、私らは悪くない、と。

他国でWGIPを実行したら、統治が難しかったかもしれない。

そういう意味ですごく間が悪かったのです。だから一部マスコミに出てくるような筋金入りの売国奴的な人は別として、一般の善良な人が自虐史観に侵されてしまっています。

有本　むしろ、あまり政治性のないふつうの人に多いのではないでしょうか。

百田　話してみたらすごくいい人で、人を裏切ったり騙したりしないような人。でも「私たち悪かったもんねえ」と言うわけです。こういうのを見ると、本当に悲しくなります。

有本　日本人には「すみません」「ごめんなさい」でトラブル知らずみたいなところが

あるでしょう。二〇年ぐらい昔、ベトナム人と話していて驚いたのは、団塊の世代の日本人がベトナムに来ていきなり謝るというのですよ。「昔は迷惑かけた」と謝る。でも、ベトナム人は何を謝られているのかわからない。彼らにとって「戦争」と聞けば、ベトナム戦争か、中越戦争。日本に迷惑をかけられたのは、はて？　という感じで、何のことだかわからなかったというのです。「とりあえず謝っておけばいい」というところが日本人にはある。ひどい話ですが、それもこれも百田さんの言葉を借りれば、間が悪いのでしょうかね。

百田　そういう「ふつうの人たち」にこそ、この『日本国紀』をぜひ読んでほしいと思います。

終章 日本史の中の異質なもの

「全面講和」と「単独講和」

有本　『日本国紀』を読むと、憲法改正について考えざるをえないという声をいただいています。

百田　『日本国紀』は日本国憲法について書こうと思った本ではないんですが、日本の歴史の中では避けて通れないものなのです。

　二千年にもわたる日本の歴史、日本がどういう国だったかを書いていくと、現在の日本国憲法は明らかに異質と言わざるをえません。敗戦による占領下に、他国によって押し付けられたものであるから、当然なのですが。

有本　二千年もの長い歴史のなかで、外国人に占領されたこと自体が初めてのこと、きわめて異質な事態なのですからね。そういう未曾有の事態から出発したのが戦後であり、戦勝国に一方的に裁かれて幾人もの無実の人々が「戦犯」として処刑された。そして国の根幹を定める憲法まで押し付けられた。本来なら、その歴史上初の屈辱的な事態から、一刻も早く脱しようと尽力するのが当然なのですが……。

『日本国紀』の記述に補足して、この本で詳しく述べてきたように、占領明けすぐの日本にはまだその気運があったのですね。戦犯の名誉回復などの動きを見れば、当時の空気がいまとまったく違うことは明らかです。しかしその後、世代が替わり、日本国憲法を「平和憲法」と言い換えるプロパガンダが浸透していくうちに、日本の空気がすっかり変質しました。そもそも自由民主党は、憲法改正を掲げてできた政党なのですから、憲法改正は当然のことなのに、いまでも改正の発議にさえ及び腰というのはおかしいでしょう。

百田　憲法改正に関わることなので、自民党ができたいきさつを講和条約あたりから少し語っておきましょうか。日本は七年間、連合国軍、実質アメリカ軍に占領されていたわけです。日本にはその間、主権がなく、外交権がありませんでしたから、日本はなんとしても独立したかったわけです。

一方で、アメリカも東西冷戦状態、さらに昭和二五（一九五〇）年六月には朝鮮戦争になる中で、早く日本を独立させて西側陣営の一員にしようと考えました。独立すれば日本は非常に強い、優秀な国だからです。でも、日本が独立すると困る国があったのです。

有本　ソ連ですね。

百田　そうです。当時、ソ連は東西冷戦の中にあって、日本という強い国が西側陣営に入ると、よろしくない。そういうわけでソ連が中心となったコミンフォルム（共産党および労働者党情報局）、昔のコミンテルン（共産主義インターナショナル）の残党みたいなものですが、これが日本共産党や社会党などに独立を阻止しろという命令を出したんですね。

そこで日本の共産党や社会党は、日本の独立を阻止する動きをします。

サンフランシスコ講和条約では、日本は多くの連合国と講和するわけですが、それに反対したのはソ連と、その衛星国であるポーランドとチェコスロバキアの三ヵ国です。すると日本の独立を阻止しようとする勢力は、「全面講和」でなければ駄目だと言いだしました。つまりソ連も含めたすべての国と講和しなければならないと主張したわけです。彼らは、三ヵ国を除く四八ヵ国と講和するのは「単独講和」だとして反対しました。

有本　まったく単独ではないですけれども。

百田　「全面講和」できなければ講和条約も結ぶなというのですが、講和できなければ、日本は独立できません。つまり、日本の当時の共産党や社会党は独立できなくてもいいという考えだったということですよ。日本のことなど、これっぽっちも考えていないのがわかります。

有本　そのときから、彼らのプロパガンダの手法は変わりませんね。コミンテルン仕込みなのか、実に大胆な嘘でラベリングをして、国民の目から事の本質を見えないように隠してしまいますよね。四八ヵ国との講和に「単独講和」というレッテルを貼るのはすごいやり口じゃないですか。

百田　反対しているのは三ヵ国だけですからね。四八ヵ国を「単独」というのは、無茶苦茶です。

有本　そうです。記憶に新しいところでは、平成二七（二〇一五）年の安保法案（平和安全法制）のときにも同じ手法が見られました。法案に反対していた野党はこの法案を「戦争法案」と言っていましたよね。とくに日本共産党は大々的に「戦争法反対」と宣伝していて、この法案が通ると戦争をすることになるのだと言い、さらに作家や文化人が「徴兵制の復活」につながるという荒唐無稽なことまで言って、国民を怖がらせていましたが、これもかつての「単独講和」と同じ手法です。

百田　言葉を変えて、印象操作をしますね。すごく汚いやり口です。

有本　レッテルの貼り方、大胆な騙し方は昔から同じなのですね。

山川の教科書ではこう教えている

【第11章2　冷戦の開始と講和〈講和と安保条約〉より】

日本国内には，ソ連・中国を含む全交戦国との全面講和❹を主張する声もあったが，第3次吉田茂内閣は，独立・講和の時期をめぐる問題はアメリカ軍基地にあると考え，再軍備の負担を避けて経済復興に全力を注ぐためにも西側諸国のみとの講和によって独立を回復し，施設提供の見返りに独立後の安全保障をアメリカに依存する道を選択した。

※注釈記述

❹　南原繁《なんばらしげる》・大内兵衛《ひょうえ》らの知識人層や日本社会党・日本共産党が，全面講和の論陣を張った。日本社会党は，サンフランシスコ平和条約の批准《ひじゅん》をめぐって党内の対立が激化し，1951（昭和26）年、左右両派に分裂した。

（詳説日本史　改訂版　山川出版社）

なぜ自民党ができたのか

百田　当時の吉田茂首相は、なんとか講和条約を結んで独立したかったのです。だから「全面講和」を唱えた南原繁東大総長を、吉田茂首相は「曲学阿世の徒」と非難しました。世に阿《おもね》るインチキ学者というような意味です。

そのような反対の中、吉田茂首相は日本の独立のために、昭和二六（一九五一）年九月八日、サンフランシスコ講和条約に調印します。ただしアメリカは日米安全保障条約をセットにしてつきつけてきました。というのも、日本が独立すると占領軍（実質はアメリカ軍）は日本から出て行かなければなりません。でも、アメリカ軍は朝鮮戦争をしている最中だから出て行きたくない。そこでアメリカは日本の独立は認めるけれども、同時に日米安保条約を結ぶことにしたのです。一種の交換条件ですね。

その日米安保条約とは、アメリカは日本のどの場所でも自由に基地をつくることができる。また、日本に暴動や内乱が起こった場合は、アメリカ軍が出動することができる。さらに、日本が他国にやられたらアメリカ軍は日本を守る義務はない。こういうものです。滅茶苦茶な話ですが、これを飲まなければ日本は独立できないので、日本はサンフランシスコ講和条約にサインし、そのすぐ後、同じ日に日米安保条約にサインをしたのです。日本は独立するために、これを飲んだのです。

有本　当時はその選択肢しかなかったのですが、でも、考えてみれば、独立や主権回復などといいますが、他国がどこにでも基地をつくれて、内乱が起こった場合に他国の軍が制圧するなんていうのは、要は独立していないということですよ。

百田　そうですね。だから当時の人は、悔しい、こんな屈辱的な条約はないと思ったのです。そこでできたのが、自民党なのですよ。

当時、自由党と日本民主党という保守系の二つの党が、勢力を争っていたのですが、彼らは「いま保守同士が争っている場合ではない、いま一緒にならなければ日本は真の意味で独立できない」と考えました。そして自由党と日本民主党は合体して、昭和三〇（一九五五）年に自由民主党（自民党）ができたのです。つまり、自由民主党は、「この屈辱的な日米安保を改定しよう」「独立したのだから自主憲法をつくろう」ということでできた政党なのです。それが自民党です。

有本　日本の真の独立のためにできた政党ですね。

百田　ところがそれから六〇年以上、自民党は何をしているんだと。

有本　いまに至っても憲法改正がなされていませんからね。

百田　岸信介首相は日米安保を押し戻しましたけどね。昭和三五（一九六〇）年の安保改定によって、岸信介首相は片務条約から押し戻して日本にとってよい新安保条約を締結しました。

有本　六〇年安保のときに、安保闘争がありましたね。あのときにエリート学生たちがこぞってデモに参加したのですが、のちになって某有名マスコミ人がテレビ番組で、当時の経験を振り返って語った際、「徹夜で座り込みをしたけれど、あのころ、実は安保改定の中身はよくわかっていなかった」と平然と述懐しているのを聴いて、呆れました。

百田　彼らは何も知らなかったのですよ。結局、日本社会党や日本共産党に踊らされて暴れていただけのことです。腹が立つのは、彼らが当時を振り返って、騙されていた自分を後悔したり、騙していた者たちに対する怒りの気持ちなどを持つことはなく、まるで笑い話のように語ることです。

有本　知らなくてどうしてあれほど激しく反対できるのでしょうね。

百田　あのとき、岸首相が行った安保改定で、アメリカは日本に自由に基地をつくれ

山川の教科書ではこう教えている

【第12章１　55年体制〈安保条約の改定〉より】

（前略）新条約ではアメリカの日本防衛義務が明文化され，さらに条約付属の文書で在日アメリカ軍の日本および「極東」での軍事行動に関する事前協議が定められた。

革新勢力の側は，新条約によってアメリカの世界戦略に組み込まれる危険性が高まるとして，安保改定反対運動を組織した。政府・与党が，１９６０（昭和35）年5月，警官隊を導入した衆議院で条約批准《ひじゅん》の採決を強行すると，反対運動は「民主主義の擁護《ようご》」を叫んで一挙《いっきょ》に高揚した。安保改定阻止国民会議を指導部とする社共両党・総評《そうひょう》などの革新勢力や，全学連《ぜんがくれん》（全日本学生自治会総連合）の学生，一般の市民からなる巨大なデモが連日国会を取り巻いた（**６０年安保闘争**）。

（詳説日本史　改訂版　山川出版社）

なくなりましたし、暴動が起こってもアメリカ軍は出動できなくなりました。また、新安保条約には有事の際にアメリカ軍が日本を守る義務が生じました。つまり吉田茂首相が調印した日米安保とはまったく違うものなのです。

当時は大反対が巻き起こったわけですが、これに反対する理由がまったくわかりません。しかも、安保条約を読まずによく反対できたものです。

有本 当時、首相官邸にものすごいデモがかかりましたね。すると、『日本国紀』にも書いてありますが、警視総監が岸首相に官邸から逃げてくれ、と言った。

百田 当時の警視総監は、これはとても安全を守りきれないと思ったのです。三〇万人以上の暴徒がもし首相官邸になだれ込んだら、警察官では守れない。下手したら岸さんは死ぬ。だから逃げてくれと言ったのです。

対して岸首相は、首相官邸は首相の本丸だ。本丸で死ぬのなら男子の本懐だと、そう言ったのです。

有本 そして弟である佐藤栄作大蔵大臣と共にブランデーを飲む。

百田 佐藤栄作は、兄さん、ここで二人で死のうじゃないかと言いました。岸首相は逃げている最中に暴徒に襲われて死んだらこんな恥ずかしいことはない。死ぬのなら首相官邸で殺されよう、と。当時の政治家の肝の太さはすごい。

国民を守らず、憲法を守る

有本　偶然が重なった結果ではありますが、その孫である安倍晋三首相がいま、憲法改正をしようとしています。しかも副総理は、吉田茂の孫である麻生太郎氏です。吉田は晩年、憲法をあのままにしたことを悔いていたという話も聞かれます。吉田と岸の関係はあまり芳しいものではなかったとも伝え聞きますが、お孫さん同士は、ともに一度、短期間で首相の座を降りてから、同志となっているように見えますね。

やや不謹慎な言い方になるのを承知で申せば、憲法を改正し、ようやく戦後の軛《くびき》から脱するのに、これ以上ない役者が揃った現状だと思うのですが。

百田　日本国憲法の草案は、ＧＨＱのわずか二十数人のメンバーが一週間程度でつくりました。憲法学者の西修先生（駒澤大学名誉教授）が、一九八〇年代にアメリカに行って、その当時、存命だった起草者八人に話を聞いているんですよ。すると彼らから「君らはまだあれを使っているのか」と逆に驚かれたと。彼らは憲法は改正されたと思っていたのです。つまり、日本国憲法の草案を作った彼ら自身が、暫定的なものだと考えていたのです。それは当たり前のことで、憲法の素人たちが一週間で作った憲法を、その後、三〇年以上も改正せずに使っているというのは異常なことだと思ったのも無理はありません。

有本　その憲法を金科玉条のごとく扱っている人が、法曹界にも文化人にも多いですね。憲法九条死守のためには国民が拉致されようが死のうが構わないとでも思っているのかというような、まさに「憲法守って、国守らず」という境地に達しているように見えますね。北朝鮮に国民が拉致されても、実力で取り戻せない、なぜなら日本国憲法の制約が、と言って憚らない。この異常で危険なところに私たちは住んでいるのですね。

百田　憲法学者は何をしているか。様々な事件が起こってその処理で法律の解釈が必要になったりすると、それが日本国憲法に照らし合わせて正しいかどうか、そればかりを考えているのです。つまり、彼らにとって日本国憲法というのは中世の神学者の聖書なんです。

ダーウィンの進化論を聖書に照らし合わせて、「聖書にはそう書いてないから、間違い」ってなもんですよ。

山川の教科書ではこう教えている

【第11章１　占領と改革〈日本国憲法の制定〉より】

（前略）ＧＨＱは極東委員会の活動が始まるのを前に，みずから英文の改正草案《そうあん》（マッカーサー草案）を急きょ作成して❶，１９４６（昭和２１）年2月，日本政府に提示した。政府は，これにやや手を加えて和訳したものを政府原案として発表した。新憲法制定は手続き上，大日本帝国憲法を改正する形式をとり，改正案は衆議院と貴族院で修正可決❷（後略）。

※注釈記述

❶　高野岩三郎《いわさぶろう》らによる民間の憲法研究会は，１９４５（昭和２０）年１２月に主権在民原則と立憲君主制をとった「憲法草案要綱《ようこう》」を発表し，ＧＨＱや日本政府にも提出していた。ＧＨＱはマッカーサー草案を執筆した際，この「憲法草案要綱」も参照した。

❷　ＧＨＱ草案がそのまま新憲法になったのではなく，政府案の作成や議会審議の過程で追加・修正がなされた。一中略一また衆議院の修正段階では，芦田均《あしだひとし》の発案により，戦力不保持に関する第９条第２項に「前項の目的を達するため」との字句《じく》が加えられ，自衛のための軍隊保持に含みを残した。（詳説日本史　改訂版　山川出版社）

本来、憲法学者なのであれば、いまの日本にとってどういう憲法が理想の憲法かということを研究すべきだと思うのです。憲法は物理学の法則とか数学の公式みたいに永久不滅のものじゃない。もし、憲法が永久不滅のもの、絶対的な真理だとすると、世界中の憲法が同じものになるはずですからね。国によって憲法が違うのは、絶対的な真理というものがないということなのです。国柄によって違うのは当然で、また同じ国でも時代によって、あるいは国際状況の変化によって、憲法を変えていくのが当たり前で、実際に世界の国はどんどん憲法を変えています。

有本　私たちは、よりよき国をつくって、そのよき国民として生きていかなければなりません。そのために平和の希求も、憲法の理念ももちろん大事ですが、だからといって憲法のために国民の命を粗末にしていいはずはない。国民の命や財産、領土、主権、こういう国家の基本中の基本をないがしろにしてでも守らなければならない憲法なんて、本末転倒もいいところ。もはやコントかという話なのですが、日本の憲法学者と言われる人たちは、そんな基本的なことを完全に取り違えているように見えるのです。

百田　憲法学者がなぜそうなってしまったかは、『日本国紀』にはっきり書いています。

なぜメディアはWGIPを語らないのか

有本　先の章でWGIPについて少しお話ししましたが、『日本国紀』はこれを日本通史の大きな流れの中に書きました。占領政策を百田さんは焚書坑儒だと指摘されましたが、占領時の政策は実にひどいものです。

百田　そうですね。メディアがなぜこれを語らないか不思議ですよ。

有本　GHQの検閲について描かれた本で有名なのは、江藤淳著『閉された言語空間　占領軍の検閲と戦後日本』（文春文庫）です。平成元（一九八九）年初版ですが、いま、文庫になって読み継がれていますね。私はこれを一九九〇年代に一度、読んだとき、驚きました。でも、一方で、それまで学生時代から釈然としなかった、教科書問題やら何やら、いろいろなことがストンと腑に落ちました。

百田　東大文学部が焚書に加担したと言われています。同じころに東大や京大（京都大学）などから教職追放が行われ、GHQに都合の悪い人物をどんどん追い出し、逆にGHQの覚えめでたい人物がどんどん大学に入ったのです。こういう人物が焚書や検閲を行った。それからいままで、ずっとその流れできているわけです。
　だから彼らはGHQの検閲を言えない、GHQを非難できない。自分たちがそれに加担しているからです。そういう人たちの弟子が学界やメディアにたくさんいる。だからメディアはGHQを非難できないのです。

有本　メディア側はGHQに検閲されて震え上がったということもありますね。

百田　朝日新聞はまさにGHQから、昭和二〇（一九四五）年九月一八日から二日間の発行停止命令を受けましたからね。

有本　はい。なぜ発行停止処分をされたかというと、終戦、敗戦からちょうど一カ月後の九月一五日の紙面に、後の首相、鳩山一郎氏のインタビューを載せたからです。このインタビューの中で鳩山一郎氏が何を言っているか。このとき、鳩山氏は第一党党首で、首班指名を経て首相になろうかというときでした。そういう〝時の人〟に朝日がインタビューをしたわけです。

鳩山氏は世界情勢を語り、今後の日本についても語っています。その中で原爆の使用を国際法違反、戦争犯罪と述べたのです。

いろんな世界情勢を語っていて、今後の日本について話している。その中で、アメリカのような正義は力といっている国は、原爆が戦争犯罪であることを否定することはできないだろうと、そういう皮肉をちょっと言っているんですね。これがけしから

山川の教科書ではこう教えている

【第11章１　占領と改革〈民主化政策〉より】

教育制度の自由主義的改革も，民主化の重要な柱の一つであった。GHQは，１９４５(昭和２０）年10月には，教科書の不適当な記述の削除と軍国主義的な教員の追放（教職追放）を指示し，つづいて修身《しゅうしん》・日本歴史・地理の授業が一時禁止された❶。

（詳説日本史　改訂版　山川出版社）

※注釈記述

❶　文部省は従来の国定教科書から内容を一新した『くにのあゆみ』『あたらしい憲法のはなし』などを刊行した。国定歴史教科書の最後のものとなった『くにのあゆみ』は，建国神話からではなく，考古学《こうこがく》的記述から始められていたが，１９４７（昭和２２）年から新学制による社会科となったので，使用されなくなった。

んということで、後にGHQによって鳩山氏は公職追放され、議員資格も失いました。ちなみに、鳩山氏のインタビューが掲載された朝日新聞の一面には、「小泉元厚相、割腹自決」「橋田元文相、服毒自決」「吉本大将も自決」という見出しが並んでいます。こういう時代だったのですね。軍の幹部や元閣僚らが続々と自ら命を絶った。割腹までしていた。

報道がどう、社論がどう、と高邁なことを言う前に、こういう敗戦直後の生々しい出来事を伝えていくだけで精一杯だった時代だろうと思います。

百田　しかし朝日は、この鳩山氏のインタビューで二日間の発行停止処分を受けた。

有本　そうですね。これに恐れをなして、そこから朝日は路線転換をし、GHQにぐっと媚び出して、挙句の果て、占領が終わるころには、〝マ元帥様〟という論調になるんです。

たとえば、マッカーサーが解任されて帰国するときには、一面に社説を掲げて、「マックアーサー元帥を惜しむ」ですからね。読み上げます。

〈マックアーサー元帥は去ることとなった。時あたかも情勢複雑を加える極東に、問題は種々残るであろうし、その解決は簡単ではないが、マックアーサー元帥によって日本人の心に打ちすえられた民主主義への基盤と方向は変らない。われわれは、たゞこの方向にそって、今までの道をさらに力強く歩きつゞけるであろう。

それが終戦以来今日まで六年間われわれを導いてくれたマックアーサー元帥に対する何よりの感謝のしるし〉（朝日新聞社説一九五一年四月一二日）

百田　すごい媚び方ですねえ。まるで北朝鮮の新聞が金正恩を礼賛しているかのような記事ですね。

戦後権威の欺瞞

有本　そうですね。でも、当時、検閲に協力した人たちやGHQに媚びた朝日の幹部はすでにいないわけです。ですから、いまの人たちがこうした過去を冷静に振り返ればいい。過去の人々を糾弾するためではなく、まさに彼らがよく言う「歴史に学ぶ」ためにです。日本最大級の報道機関ですから、それくらいの器量があってほしいと思います。なぜそれをしないのか非常に不可解です。

百田　GHQの教職追放、公職追放がどれだけ厳しかったか。当時は生活保護もないわけです。職を失うと、一般企業にも就職できない。二〇万人以上の人が公職追放されたのですが、追放されると彼らは百姓をするとか、自分で商売するしか生きていく道がありません。だから公職追放されたら一家が路頭に迷うとみんなすごく恐れたのです。それでみんなGHQに阿った。多くの教職員たちも自分の首が飛ぶのは嫌だから、GHQの言う通りにして阿ったのです。

私はそういう人物については『日本国紀』で実名を挙げて書いています。東大法学部の権威である宮沢俊義氏がまさにそれです。宮沢俊義氏は最初、日本国憲法の制定は日本国民が自発的自主的に行ったものではない、つまりアメリカから押し付けられた憲法だと非難していたのに、あるときから突然、「八月革命説」を唱えて、日本国憲法の正当性を論じました。ポツダム宣言の受諾によって日本の主権者は天皇から国民に革命的に変更されたので、日本国憲法は主権を獲得した国民が自らの意思でつくった憲法であって、GHQによって押しつけられたものではないという説です。

有本　昭和二〇年に日本で革命が起こったと。

百田　そうです。だから宮沢説によると、日本国憲法にGHQは関係ない。日本国の正当な憲法であるというのが「八月革命説」。もちろん、彼の心の中まではわかりませんが、GHQの教職追放に恐れおののいて、彼らに阿るような学説を唱えた可能性はあるとみています。

驚かされるのは、いまでもこの学説が東大法学部では正しいものとして伝わっているということです。宮沢氏は東大法学部の憲法講座の権威ですから、いま、司法試験を受ける法律家の卵たちも、これを学んでいるのですよ。

理系は別ですが、文系の場合、恩師に対して准教授や助手が「先生それは違いますよ」と言ったら、もう終わりです。飛ばされます。「お説ごもっともです」という人しか出世できません。だから文系は、教授の言うがままの学説がずっと伝わっているんです。

有本　私は、この八月革命説について、最近、作家の竹田恒泰さんのご本で詳しく知ったのですが、この説によれば、今上陛下は「二代目」になるというのです。つまり昭和二〇年の八月で革命が起きていますから、そのときの昭和天皇が「初代」、今上陛下が「二代目」だという。驚きますよね。

こんなトンデモ説が、日本の憲法学者の中では当たり前だ、その世界の重鎮でもこれを正しいと信じ込んでいるということが二重の驚きでした。

百田　呆れたことに、それがいまの法曹界の常識になっている。

有本　二千年の歴史と切り離してしまっているのですね。では、明治の御世に生まれた、あなた方のお祖父さん、ひいお祖父さんは前王朝時代の人なんですか、という（笑）。こんなことを信じられる人がいることに私は仰天しましたが、しかもそれが日本のエリートと呼ばれる人たちであり、日本をリードする彼、彼女らがこれを不思議と感じず、信じているとは。なんとも嘆かわしいと感じました。

百田　他にもたとえば東大法学部の権威で国際法学者である横田喜三郎氏ですよ。彼は東京裁判が正しいのだという立場をとりました。しかも彼は昭和二〇年代には「天皇制批判」を一所懸命書いたのです。ＧＨＱが去って日本が独立した後、彼は出世して最終的には最高裁判所の長官にまでなります。すると過去の「天皇制批判」が都合が悪いということで、古本屋を廻って自著を買い集めて、自らの過去を消そうとしたのですよ。要するに、自己の信念で書いたものではないということです。

有本　陛下から勲章をもらいたいがための自己焚書ですか。もう滑稽というか、卑しさもそこまでいくとコントですね。このエピソードから、横田という人物が、事大主義の権化みたいな男だったと想像できるわけですが、そんな人の自己焚書に協力させられ、古本屋を廻らされた子分たちもいい面の皮です。

こういうことが包み隠さず書かれている。しかも「日本史」の一部、もっと言えば汚点として書かれているわけですから、一部の方々にとっては、この世から消えてほしい嫌な本だろうと思います。

百田　そうです。

有本　こうした大嘘から出発して営々と、かつもっともらしく行われてきたのが戦後の歴史七〇年余の偽造です。そこへ風穴を開けるのは生半可な力では無理です。だからこそ、百田さんのような「メガトンパンチ」を繰り出せる書き手が求められたのかとも思います。

百田さんが『日本国紀』を書かれたことは、ひょっとすると、歴史の大嘘によって「閉された言語空間」をこじ開けよ、という、日本の先人からの声、歴史から仰せつかったお役目だったのかもしれませんね。

日本の閉ざされた言語空間に穴を開けなければ、日本が今後、発展していくことはできないのではないか。そういう思いを共有する方が一人でも多く、全国に増えてくださるようにと願います。

幸いにして、多くの読者の方から『日本国紀』を「読んで良かった」という好意的なご感想をいただいております。もちろんご批判やご批正のお声、そして歴史観の異なる方からの異論も頂戴しています。そして、実は意外な著名人、たとえば芸能界の方々や企業の経営者といった方々からこっそり「とても良かった」「勉強になった」「周りに薦めたい」というお声も頂戴しています。『日本国紀』の結びで、百田さんが書かれたとおり、日本と日本人の魂はけっして潰されてはいなかったのですね。

私たちは何者で、どうしてここ日本列島に立っているのか。今後、『日本国紀』からそうした会話が広がることがとても楽しみです。

あとがき

「このまま行ったら『日本』はなくなってしまうのではないかという感を日ましに深くする。日本はなくなって、その代わりに、無機的な、からっぽな、ニュートラルな、中間色の、富裕な、抜目がない、或る経済的大国が極東の一角に残るのであろう」

これは、日本列島が大阪万博に沸いていた昭和四五（一九七〇）年の夏、作家・三島由紀夫が、産経新聞（当時はサンケイ新聞）に寄稿したなかの一節である。その四ヵ月後、三島は、東京・市ケ谷の自衛隊駐屯地で割腹自決を遂げた。

この年、百田尚樹さんは中学三年生、私は小学校二年生だった。

およそ半世紀が過ぎ、大阪に再び万国博覧会がやって来ると決まった今年、百田さんは還暦過ぎ、私は五〇代となっている。果たして今の私たちが、富裕で抜け目がないかどうかさえ自信がないが、この半世紀、日本が「無機質な、からっぽな、ニュートラルな」国への道を驀進してきたことだけは間違いないと言える。

「憲法に体をぶつけて死ぬ奴はいないのか」

こう言って三島が腹を切り半世紀が経つというのに、私たちはその憲法を触ることはおろか、「国は自ら守るもの」という当然至極の合意さえできていない。それどころか、子供たちの歴史教科書を開けば、一体、どこの国の教科書かという内容だ。三島は草葉の陰で号泣していよう。

これらを見ると、実質的に「日本はなくなって」いるようなものである。

しかしそのからっぽな列島に、「私は日本という国が大好きです」と堂々言ってのけるユニークな作家が現れた。我らが、百田尚樹さんである。

お笑い番組の放送作家出身で、「下品だ」という誹りも何のその。失言、失敗もしょっちゅうで、自分で自分を「アホ丸出し」と嗤って憚らない、大阪のおもろいオッチャン。文学やら教養とは縁遠く見え、三島とは対極にあるように見えながら、実は超人的博覧強記なこの作家が、近年、独特のやり方で「なくなった」日本を取り戻そうと奮闘している。

百田さんがストレートすぎる言葉で「愛国」を語ると、途端に、からっぽ列島の「ええカッコしい」どもが涌き出る。彼らが群れて冷笑しながら「ニュートラルなからっぽ」言葉で小馬鹿にしても、百田さんはビクともしない。多くの読者を味方につけ、「ワハハ」と笑って舌を出し、「ええカッコしい」どもを一層イライラさせる。

そんな百田さんが書いた『日本国紀』は、日本人を熱狂させた。

発売から二週間足らずで四五万部が発行され、三週間で三〇万部の実売を記録した。「感動した」「泣いた」という声とともに、多くの「百田さん、ありがとう」という声、「学校時代、嫌いだった歴史を好きになりそう」という声が私たちのもとに押し寄せた。出版不況と言われて久しい今日、これほど熱く求められた本があったのかと多くの出版人が驚嘆する一方で、この現象に「怒り」を滾《たぎ》らす人々もいた。

近年稀に見るベストセラー本を、「歴史資料も読めない百田が書いた低俗な愛国ファンタジー」と罵る者や、「こんな低レベル本を喜ぶ読者がバカ」と数十万の日本人までバカ呼ばわりする者、そしてとうとう「百田の本を全頁コピーしてネットに公開しよう」と言い出す者まで出た。そんな彼らは、「日本は南京で四〇万の中国人を殺した」とトンデモ説を書く作家には不思議と寛容だ。

この自称「史料が読める知的な方々」にとって、『日本国紀』および「百田尚樹」は、親の仇のごとき存在らしいが、猛り狂う人々に百田さんはこう言う。

「『日本国紀』を異常に恐れる人たちへ。たかだか一冊の本やん。しかもホラーじゃないし。そこまで怖がらなくてもいいから、気になるんなら、読んでから、ここがおかしいよと言えばいいいんじゃない？」

なんと平和的で、リベラルな言葉だろうか。百田さんはこうも言う。

「どこの家にも家族の物語があるでしょう。『あなたのお祖父さんはこんな人で、こんなふうに生きた素晴らしい人だったんだよ』と語り継ぐような。日本人共通のそんな物語が必要だ。そう思って書いたのが『日本国紀』です」

父祖の偉業を語り継ぎ、同時に失敗談も語り継ぐこと。これは、良き家、良き社会、良き国をつくっていくための第一歩である。数十万の『日本国紀』読者は、その真理に気づいているのだ。「賢い俺様をバカなお前らの『家族』に括るな」と叫ぶ、拗らせ人種を尻目に、多くの賢明な日本人が百田さんの「日本」を取り戻す奮闘を支持し共感している。これが目下の希望の光。日本を、日本たらしめようとする力である。

本書では、『日本国紀』の舞台裏を語ると同時に、学校で教えられる「歴史」と、『日本国紀』との違いを解説することで、今の日本の危機を明らかにしました。その作業は、産経新聞出版の編集長、瀬尾友子さんの奮迅の働きなくしてはできなかったことです。瀬尾さんとスタッフの皆さんに心から感謝申し上げます。

有本　香

百田尚樹（ひゃくた・なおき）

昭和31（1956）年、大阪市生まれ。同志社大学中退。放送作家として『探偵！ナイトスクープ』等の番組構成を手掛ける。2006（平成18）年『永遠の０』（太田出版、現在講談社文庫）で作家デビュー。『海賊とよばれた男』（講談社）で第10回本屋大賞受賞。

著書に『モンスター』（幻冬舎文庫）、『フォルトゥナの瞳』『カエルの楽園』（新潮文庫）、『ボックス！』（講談社文庫）、『幻庵』（文藝春秋）、『錨を上げよ』（講談社）、『今こそ、韓国に謝ろう』（飛鳥新社）、『日本国紀』（幻冬舎）など多数。

有本香（ありもと・かおり）

ジャーナリスト。昭和37（1962）年生まれ。東京外国語大学卒業。旅行雑誌編集長、上場企業の広報担当を経験したのち独立。現在は編集・企画会社を経営するかたわら、世界中を取材し、チベット・ウイグル問題、日中関係、日本の国内政治をテーマに執筆。

著書に『「小池劇場」の真実』（幻冬舎文庫）、『中国の「日本買収」計画』（ワック）、『なぜ、中国は「毒食」を作り続けるのか』（祥伝社新書）、『中国はチベットからパンダを盗んだ』（講談社＋α新書）、共著に『リベラルの中国認識が日本を滅ぼす　日中関係とプロパガンダ』（産経新聞出版）など。

百田尚樹著『日本国紀』（幻冬舎）には編集者として参加した。

「日本国紀」の副読本
学校が教えない日本史

平成30年12月31日　第1刷発行

著　　者　百田尚樹　有本香
発 行 者　皆川豪志
発 行 所　株式会社産経新聞出版
〒100-8077 東京都千代田区大手町1-7-2 産経新聞社8階
電話　03-3242-9930　FAX　03-3243-0573
発　　売　日本工業新聞社　電話　03-3243-0571（書籍営業）
印刷・製本　株式会社シナノ
電話　03-5911-3355

ISBN 978-4-8191-1355-7　　C0095